日記で読む日本史1

倉本一宏 監修

日本人にとって日記とは何か

倉本一宏 編

臨川書店

はしがき

倉本一宏

人間の心理ほど解し難いものはない。この主人の今の心は怒っているのだか、浮かれているのだか、または哲人の遺書に一道の慰安を求めつつあるのか、ちっとも分らない。世の中を冷笑しているのか、世の中へ交りたいのだか、くだらぬ事に肝癪《かんしゃく》を起しているのか、物外に超然としているのだか薩張《さっぱ》り見当が付かぬ。猫などはそこへ行くと単純なものだ。食いたければ食い、寝たければ寝る、怒るときは一生懸命に怒り、泣くときは絶体絶命に泣く。第一日記などという無用のものは決してつけない。つける必要がないからである。主人のように裏表のある人間は日記でも書いて世間に出されない自己の面目を暗室内に発揮する必要があるかも知れないが、我等猫属に至ると行住坐臥、行屎送尿悉く真正の日記であるから、別段そんな面倒な手数をして、己れの真面目《しんめんぼく》を保存するには及ばぬと思う。日記をつけるひまがあるなら椽側《えんがわ》に寝ているまでの事さ。

何年ぶりかに読むことになった夏目漱石『吾輩は猫である』の一節である。はじめて読んだのは小学五年の時、二回目がそれから三〇数年後、そして最近、三回目を読んでいるが、日記についての言及があることは、ずっと忘れていた。

猫の目を借りての記述とはいい条、ここには漱石の考える日記の本質が表わされている。「日記でも書いて世間に出されない自己の面目を暗室内に発揮する」という側面と、「面倒な手数をして、己れの真面目を保存する」という部分である。

さて、本巻所収の「日記が語る古代史」でも触れたが、天皇以下の皇族、公卿以下の官人をはじめ、武家、僧侶、神官、学者、文人から庶民に至るまで、各層の人々によって日記を記録するというのは、世界的に見ても日本独特の特異な文化である。

また、何故に日本では古い時代の日記が今日まで残されてきたかという問題も、先祖の日記を保存し続けた「家」の存在と、記録＝文化＝権力であるという、日本文化や日本国家の根幹に通じる問題に関わっている。もちろん、王朝が交替することなく、王権と朝廷、それを構成する天皇家と貴族の家が一つの都城としての京都に存在し続けたことも、日記が残った大きな要因となった。

この叢書は、古代から中世・近世・近代・現代にいたる第一線の研究者が、すべて書きおろした二〇冊の集成である。内容も日本史や日本文学、心理学にまで及び、地域も京都を中心に、関東から琉球まで視野に入れている。

当初は臨川書店は全一〇冊程度を予定されていたのだが、日記・古記録を研究する仲間に執筆を募ったところ、何と応募が殺到し、これほどの分量の叢書となったのである。まさに日記・古記録研究の最前線にして最高の精華を一般にわかりやすく書き起こした、一大金字塔となるであろう。

中でもこの第一巻は、古代から中世・近世・近代、そして物語と和歌との比較、はたまた日記の言語学、さらには近代教育や心理学の分野にわたる、叢書全体の精髄とも称すべき一冊となっている。種々の事情により、第一回配本とすることはできなかったが、それを補って余りある豊かな内容となっていると思う。

一見すると難しくて取っ付きにくい日記・古記録研究の世界であるが、この叢書、とりわけこの第一巻を手がかりにして、この豊かな世界へ多くの方々が足を踏み入れていただけるよう、念願して止まない。

目次

はしがき……倉本一宏 1
第一部 日記と歴史……9
第一章 日記が語る古代史……倉本一宏 11
はじめに――日記とは何か……11
一 伊吉連博徳書……19
二 壬申の乱従軍舎人日記……31
おわりに……41
第二章 日記が語る中世史 女房と日記……松薗斉 45
はじめに……45
一 家記の形成と女性……48
二 内裏女房と日記――『弁内侍日記』を中心に……54
おわりに……63

第三章　日記が語る近世史　近世公家日記の記述から……石田　俊　71
一　近世の朝廷と勧修寺家……73
二　近世の天皇教育……76
三　武家と公家……83
四　近世公家社会の女性たち……89
第四章　幕末の遣外使節日記
淵辺徳蔵「欧行日記」、柴田剛中「仏英行」に見る日本人の開国……佐野真由子　97
はじめに……97
一　淵辺徳蔵「欧行日記」……102
二　柴田剛中「仏英行」……112
おわりに……123
第五章　日記が語る近代史……奈良岡聰智　129
はじめに……129
幕末・明治期の日記……130
大正期～戦後の日記……134
日記を公開する……138

獄中で日記を書く……141
ひたすら日記を書く……144
おわりに……147

第二部　日記と文学・言語……157

第六章　日記から『源氏物語』へ・『源氏物語』から日記へ
『紫式部日記』・『とはずがたり』における「われ」の構築……久富木原　玲　159
はじめに……159
一　『紫式部日記』の視点――『源氏物語』への架橋……162
二　『とはずがたり』の視点――物語からの架橋……180
おわりに……196

第七章　日記と和歌　『中務内侍日記』を例に……阿尾あすか　201
はじめに……201
一　『中務内侍日記』の性格について……202
二　『中務内侍日記』における和歌記載記事について……210
三　『中務内侍日記』本文における和歌の機能・役割……217
おわりに……225

第八章　日記文学と言語学　前期王朝時代を中心に……カレル・フィアラ　231
はじめに……231
一　『蜻蛉日記』以前……232
二　『蜻蛉日記』……235
三　『蜻蛉日記』以後……242
おわりに……244
第三部　日記を書くことと読むこと……247
第九章　日記と教育……井上章一　249
なぜ日記を書かせるのか……249
「大きなおちち」の女の子……251
「かあちゃんにも見せない」日記……256
いじめや不登校の時代にも……260
コラム　倒木の声を聴く
認知行動心理学からみた日記を読み解くことの意義……富田　隆　263
あとがき……倉本一宏　271
編者・執筆者紹介……273

第一部　日記と歴史

第一章　日記が語る古代史

倉本一宏

はじめに――日記とは何か

そもそも、日記とは何か。主に女房によって仮名で記されて「日記」と題された文学作品としてのいわゆる「日記文学」（この語が使われるようになったのは昭和初年であるが）は、ここでは措いておき（とはいえ、『紫式部日記』の中の寛弘五年〈一〇〇八〉の中宮彰子の御産記録は厳密な意味での日記と見なされるし、『枕草子』の「日記的章段」は日記的であると言えるのであるが）、ここでは男性官人や皇族によって漢文で記録されたいわゆる古記録について述べる。

なお、「日記」という語は、早くは後漢の王充の『論衡』に見えるが、それは『春秋』や五経などの孔子の編著を指したものであった。中国では日付を伴わない考証・随筆・語録・家集などを「日記」と呼ぶことが多いのである。

日本では日付のある日次記（ひなみき）のことを「日記」と称することが多い。日付の有無が日記の要件と考えられたために、逆に六国史など編年体の史書や、『西宮記』や『北山抄』など日記（古記録）

を基にした儀式書も「日記」と呼ばれることがあった。

その他、外記日記・殿上日記・近衛府日記などの官司の業務用の日記、事件の勘問調書としての勘問日記、報告書や注進状としての事発日記、行事記文や旅行記なども、「日記」と称することができよう。

しかし、先ほども述べたように、日本において日記の主流を占めるのは、日付を付して記録された日次記である。その最古のものは、『日本書紀』に引用されている「伊吉連博徳書」と『釈日本紀』所引の「安斗智徳日記」「調淡海日記」とされる。前者は遣唐使として渡唐した際の紀行日記であり、後者は壬申の乱に舎人として従軍した際のものである。

次に「正倉院文書」として、三種の具注暦断簡が伝えられている。天平十八年（七四六）二月七日〜三月二十九日、天平二一年（天平感宝元年、七四九）二月六日〜四月十六日、天平勝宝八歳（七五六）歳首〜正月二十六日・三月三日〜四月十八日のものである。このうち、天平十八年の具注暦断簡に記された十条ほどの短い遺文は、暦記の源流であり、日記原本の最古の遺例である。

なお、現在のところ、具注暦自体の日本最古の遺例は、奈良県明日香村の石神遺跡から出土した持統三年（六八九）三月・四月の暦を記した木簡であるが、これは今後、発掘事例の増加に伴って、書き替えられる可能性が高い。

平安時代に入ると、宮廷や官司の公日記と諸家の私日記が、共に残されるようになる。特に私日記は、天皇以下の皇族、公卿以下の官人が日記を記したもので、後の時代になると、武家、僧侶、神官、学者、文人から庶民に至るまで、各層の人々によって記録されている。これは世界的に見ても日本独特の特異な現象である。特に君主が自ら日記を記すということは、日本王権の特性と言えよう。

ヨーロッパはもちろん、中国や朝鮮諸国にも、古い時代の日記は、ほとんど残っていない。中国では紀元前の漢簡などに記された出張記録などは存在するものの、それ以外では、唐代の編年体歴史書『大唐創業起居注』（隋の大業一三年〈六一七〉から唐建国の武徳元年〈六一八〉）が標題通りに唐の起居注、すなわち皇帝や国家の重大事の記録であったとしても、その程度のわずかな起居注や日録を除いては清朝になるまで、朝鮮でも李朝になるまで、まとまった日記は残っていないのである。

中国で日記が書かれなかった最大の理由は、『史記』以下の王朝による正式な歴史書である正史が連綿と作られ続けてきたことである。中国では、先例を調べるには、本紀・列伝・志・表などからなる紀伝体で書かれた膨大な正史を参照すれば、おおよそのことはわかるようになっている。

先ほど述べた起居注も、後世にまで残すような性格のものではなく、皇帝が崩御すると、起居注をまとめた実録が編纂され、王朝が滅んだ際に、次に正統を継いだ王朝が国家事業として、前王朝の皇帝毎の実録を基に正史を編纂した。起居注も実録の原史料としての役割を終えれば、後は廃棄されることが多かったものと思われる。

また、文人の日々の記録も、主に漢詩や小説などの原史料として使われ、作品が完成すれば廃棄されたのであろう。

これに対し、日本で平安時代以来、宮廷貴族の公家日記が数多く記録されているのは、『日本書紀』から始まる正史としての六国史の編纂が延喜元年（九〇一）に選上された『日本三代実録』で廃絶してしまったことに起因している。正史が絶えてしまったために、貴族たちが当時の政治の根幹である政務や儀式などの公事の式次第の遂行を確かめたくても、正史を調べることができなくなってしまった。

それに加えて、単行法令集としての格、施行細則としての式、『内裏式』『貞観儀式』など勅撰の儀式書も編纂されなくなっていた。正史や格式、儀式書を参照することができない以上、それに代わる先例の准拠として、日記の蓄積が求められたのである。六国史や三代格式、三代儀式が作られていた九世紀以前の日記がほとんど残されていないことからも、それが裏付けられよう。

個々の貴族が日記を書く目的や動機、それに日記そのものの有り様も様々である。たとえば、『雑筆要集』という文例集には、「日記には必ずしも式法は無い。ただ日の所に要事を注記するものである」とある。日記を書き付けた料紙も様々なら、文字や書きぶりや文法も人によって異なる。

さて、藤原師輔の『九条殿遺誡』には、朝起きてから行なうべき行動が記されているが、それによると、属星の名を称し、鏡に自分の姿を映して形体の変化を窺い、次に暦書（具注暦）を見て日の吉凶を知り、楊枝を取り、手を洗い、仏名を誦し神社を念じ、それから日記を記すようにとある。その詳細は、

年中の行事は、大体はその暦に書き記し、毎日それを見る毎に、まずそのことを知り、かねて用意せよ。また、昨日の公事、もしくは私的な内容でやむを得ざる事などは、忽忘に備えるために、いささかその暦に書き記せ。ただし、その中の要枢の公事と君父所在の事などは、別に記して後に備えよ。

摂関期主要古記録一覧（～康和２年〈1100〉）

古記録名	記主	記録年代	主な活字版
八条式部卿私記	本康親王	882 他	九暦・西宮記他
宇多天皇御記	宇多天皇	887～ 897	三代御記逸文集成
醍醐天皇御記	醍醐天皇	897～ 930	三代御記逸文集成
貞信公記	藤原忠平	907～ 948	大日本古記録
吏部王記	重明親王	920～ 953	史料纂集
清慎公記	藤原実頼	924～ 970	歴代残闕日記
太后御記	藤原穏子	929～ 935	河海抄・小右記
九暦	藤原師輔	930～ 960	大日本古記録
小一条左大臣記	藤原師尹	941～ 969	歴代残闕日記
村上天皇御記	村上天皇	947～ 967	三代御記逸文集成
沙門仲増記	仲増	948	歴代残闕日記
済時記	藤原済時	972	書陵部紀要
親信卿記	平親信	972～ 974	続々群書類従・歴代残闕日記
小右記	藤原実資	977～ 1040	大日本古記録
法住寺相国記	藤原為光	991	歴代残闕日記
権記	藤原行成	991～ 1026	史料纂集・史料大成
御堂関白記	藤原道長	998～ 1021	大日本古記録
御産部類記		1008	図書寮叢刊
左経記	源経頼	1009～ 1039	史料大成
一条天皇御記	一条天皇	1010	史料大成
公季公記	藤原公季	1012	歴代残闕日記
春記	藤原資房	1026～ 1054	史料大成・コロタイプ複製版
土右記	源師房	1030～ 1076	史料大成・書陵部紀要
二東記	藤原教通	1031～ 1074	歴代残闕日記
御産部類記		1034	図書寮叢刊
後朱雀天皇御記	後朱雀天皇	1036～ 1044	史料大成
範国記	平範国	1036～ 1048	史料大成・歴代残闕日記
行親記	平行親	1037	続々群書類従・歴代残闕日記
定家朝臣記	平定家	1053～ 1062	群書類従・歴代残闕日記
御産部類記		1053	歴代残闕日記
但記	藤原隆方	1057～ 1074	歴代残闕日記
水左記	源俊房	1062～ 1108	史料大成
帥記	源経信	1065～ 1088	史料大成
師実公記	藤原師実	1068	歴代残闕日記
後三条天皇御記	後三条天皇	1068～ 1072	史料大成
江記	大江匡房	1068～ 1108	江記逸文集成
為房卿記	藤原為房	1072～ 1104	史聚・コロタイプ複製版
時範記	平時範	1077～ 1102	歴代残闕日記・書陵部紀要
御産部類記		1079	図書寮叢刊
後二条師通記	藤原師通	1083～ 1099	大日本古記録
中右記	藤原宗忠	1087～ 1138	大日本古記録・史料大成
長秋記	源師時	1087～ 1136	史料大成
寛治二年記		1088	群書類従・歴代残闕日記
季仲卿記	藤原季仲	1090～ 1091	歴代残闕日記
通俊卿記	藤原通俊	1094	歴代残闕日記
殿暦	藤原忠実	1098～ 1118	大日本古記録
永昌記	藤原為隆	1099～ 1129	史料大成

というものである。この暦の余白（間明き）に記したものを暦記、別に記したものを別記という。

記事が暦面に書ききれない場合や、特に紙背に記したい事項の場合には、紙背に裏書として記したり、白紙を暦に切り継いで書いたり、関連する文書類を貼り込んだりすることも行なわれた。また、儀式毎に日記を分類した部類記や目録が作られることもあった。

『小右記』の場合などは、「暦裏」という記述があることから、元々は具注暦に記していたことは確実であるが、道長のように間明き二行の具注暦は作れなかったであろうから、あれだけの膨大な量の記事を記録するためには、毎日、具注暦を切っては、間に紙を貼り継ぎ、その紙に記事を記すしかなかったのではなかろうか。そして、特に独立した文書が手許にあり、それを日記の一部として残したい場合は、それを裏返しにして貼り継ぎ、その紙背に、その文書に関わる普通の記事を記録したのであろう。

記主本人の記した自筆原本も、道長の『御堂関白記』をはじめ、源俊房の『水左記』（康平五年〈一〇六二〉―天仁元年〈一一〇八〉）、吉田経俊の『経俊卿記』（嘉禎三年〈一二三七〉―建治二年〈一二七六〉）、花園天皇の『花園天皇宸記』（延慶三年〈一三一〇〉―元弘二年〈一三三二〉）などが残されているが、多くは様々な人によって書写された写本の形によって、後世に伝えられた。

その際、ただ単に自筆本を転写するのではなく、一定の意図をもって記文を選別して書写することが行なわれた。平信範の『兵範記』（長承元年〈一一三二〉―承安元年〈一一七一〉）や藤原定家の『明月記』（治承四年〈一一八〇〉―嘉禎元年〈一二三五〉）のように、記主が自ら記文を選別して清書した自筆本が残されている例もある。写本の作成というのは、単なる転写を意味するのではなく、それ自体が特別な目的と意味を持った営為であったのである。

藤原頼長の『台記』（保延二年〈一一三六〉―久寿二年〈一一五五〉）は男色や殺人の記事が記されていることで有名であるが、これなども引退後に自ら記文を選別した写本を作成しようとしていたものの、突然の不慮の死によって叶わず、不名誉な日記が後世に伝わった例と言えようか。

また、何故に日記を書いたかという問題とは別に、何故に日記が残ったかという問題も存在する。何故日記が残ったのかは、先祖の日記を保存し続けた「家」の存在と、記録＝文化＝権力であるという、日本文化や日本国家の根幹に通じる問題に関わっているのであろう。もちろん、王朝が交替することなく、王権と朝廷、それを構成する天皇家と貴族の家が一つの都城に存在し続けたことも、日記が残った大きな要因となった。

なお、道長四世の直系の孫にあたる忠実の言談を筆録した『中外抄』には、摂関の心得と、公事を学ぶための日記を記録する練習法が、大江匡房の言葉として、次のように説かれている。


関白・摂政は詩を作っても無益である。朝廷の公事が大切である。公事の学び方は、紙三十枚を貼り継いで（巻子にして）、大江通国のような学者を傍らに据えて、「只今、馳せ参る」などと書きなされよ。また、「今日は天気が晴れた。召しによって参内した」などと書きなされよ。知らない字があったならば、傍らの学者に問われよ。このような文を二巻も書けば、立派な学者である。四、五巻に及んだならば、文句の付けようのないことである。

当時の摂関に対する認識、日記に対する認識がよくわかる話である。別の箇所では、摂関は漢才がなくても「やまとだましひ（大和魂）」（「漢才」に対比される語。現実に即応して人心を掌握し、実務を処理できる能力）さえあれば天下を治められる、こちらでは日記を十から二十巻書けばいい、とも言っている。

また、忠実が、摂関家の日記の書き様を諭した師実の仰せを引いた箇所もある。

日記はあまり詳しく書くのは無益である。故殿（師実）の仰せでは、「日記が多いと、個人的な感情が交じって礼を失する。『西宮記』と『北山抄』ほど作法に優れたものはない。その他には家の先祖の日記を入れるべきである。この三つの日記さえあれば、おおよそ事に欠けることはない。他の家の日記はまったく無益である。そのわけは、『摂政関白が主上の御前で腹鼓を打つ』と書いてあっても、先例として用いるわけにはいかないからである。また、日記は詳しく書くべきではない。他人の失敗もまた、書くべきではない。ただ宮廷行事の次第をきちんと記録すべきである。さて、日記を秘すべきではない。小野宮関白（実頼）は日記を隠したので子孫がいない。九条殿（師輔）は隠さなかったので世に恵まれたのである。……」

日記はまさに、個人の秘記ではなく、後世の子孫や貴族社会、さらには生前にも広く共有された貴族社会の文化現象であったのである。(1)

本稿では、これまであまり取り上げられることのなかった、平安時代以前の日記の源流としての伊吉連博徳書と壬申の乱従軍舎人日記を紹介することとする。

一　伊吉連博徳書

「大化改新」後はじめての遣唐使として二十三年振りの白雉四年（六五三）五月に発遣された第二次遣唐使の第二船が薩摩竹島で漂没したとの報を受けるや、翌白雉五年（六五四）二月に第三次遣唐使の発遣が行なわれた。実は第二次遣唐使の第一船は無事に使命を果たし、白雉五年七月に帰国するのだが、大王天万《おおきみあめよろず》 豊日《とよひ》（孝徳《こうとく》）を中心とする朝廷は、その存否を確かめる余裕もなく、次の遣唐使を発遣したのであった。

その背景には、孝徳と中大兄王子との権力分裂を想定すべきであろう(2)。すでに白雉四年のうちに中大兄は前大王の天豊財重《あめとよたからいかしひ》 日足姫《たらしひめ》（皇極《こうぎょく》）や大海人《おおしあま》王子、孝徳大后の間人《はしひと》王女を連れて飛鳥へ遷ってしまっていたが、孝徳は白雉五年十月に死去し、皇極が重祚する（斉明《さいめい》）。

なお、白雉五年の第三次遣唐使は、唐の高宗から、「時に新羅、高麗・百済の為に、暴する所。高宗、璽書を賜ひ、出兵して新羅を援けしむ」と、新羅救援を命じられている（『新唐書』日本伝）。「王の国は新羅・高麗・百済と接近す。若し危急あらば、宜しく使を遣して之（新羅）を救ふべし」（『旧唐書』日本伝、『善隣国宝記』所引「唐録」）ともある。緊迫する東アジア情勢を踏まえた命令であるが、百済・高句麗の同盟国である倭国がこれに従うはずもなかった。

その第三次遣唐使の発遣を語る『日本書紀』白雉五年二月条に、「伊吉博徳言」という形で、白雉五年の第三次遣唐使一行のその後の足跡を伝える記述が注記されている。

伊吉博得言、学問僧恵妙、於唐死。知聡、於海死。智国、於海死。智宗、以庚寅年、付新羅船帰。覚勝、於唐死。義通、於海死。定恵、以乙丑年、付劉徳高等船帰。妙位・法勝、学生氷連老人・高黄金、并十二人、別倭種韓智興・趙元宝、今年共使人帰。

伊吉博徳がいうところによると、「学問僧恵妙《えみょう》は唐で死に、知聡《ちそう》は海で死んだ。智国《ちこく》も海で死んだ。智宗《ちそう》は庚寅の年（持統四年）に新羅《しんら》の船に乗って帰国した。覚勝《かくしょう》は唐で死に、義通《ぎつう》は海で死んだ。定恵《じょうえ》は乙丑の年（天智四年）に劉徳高《りゅうとくこう》らの船に乗って帰国した。妙位《みょうい》・法勝《ほうしょう》、学生の氷連《ひのむらじ》老人《おきな》・高黄金《こうおうこん》ら十二人、それに倭種《やまとのうじ》の韓智《かんち》興《こう》・趙元宝《ちょうげんほう》は、今年、使人とともに帰国した」とある。

ここでは、後年にかかる天智四年（六六五）の定恵（中臣鎌足の長子）、持統四年（六九〇）の智宗の帰国なども言及されている。これは厳密な意味での日記ではなく、持統朝における陳述に過ぎないのであろう。博徳自身はこの第三次遣唐使に関わったわけではなく、彼自身が派遣された斉明五年（六五九）の第四次遣唐使の記録を原史料とした「伊吉連博徳書」とは、まったく性格の異なるものである。

次に、斉明五年の第四次遣唐使を見てみよう。前年の阿倍比羅夫の北方遠征の成果を得て、蝦夷を唐の天子に見せ、倭国が東辺・北辺の蝦夷を服属させていることを唐に示そうとしたと見られている。[3] ところが、倭国は気付いていなかったようであるが、翌六六〇年から唐は百済討伐に乗り出すのである。そのため、この遣唐使は唐でとんでもない辛苦に見舞われるのであるが、それは遣唐使の一員として渡唐した伊吉博徳が「記録」し、『日本書紀』の注に引用されている「伊吉連博徳書」によって知ることができる。[4]

まず、遣唐使の発遣と唐の高宗への謁見を記した斉明五年七月戊寅(三日)条は、

遣小錦下坂合部連石布・大仙下津守連吉祥、使於唐国。仍以道奥蝦夷男女二人、示唐天子。

という本文を記したうえで、次のように「伊吉連博徳書」を注に引いている。[5]

伊吉連博徳書曰、同天皇之世、小錦下坂合部石布連・大山下津守吉祥連等二船、奉使呉唐之路。以己未年七月三日、発自難波三津之浦。八月十一日、発自筑紫大津之浦。九月十三日、行到百済南畔之島。々名毋分明。以十四日寅時、二船相従、放出大海。十五日日入之時、石布連船、横遭逆風、漂到南海之島。々名爾加委。仍為島人所滅。便東漢長直阿利麻・坂合部連稲積等五人、盗乗島人之船、逃到括州。々県官人、送到洛陽之京。十六日夜半之時、吉祥連船、行到越州会稽県須岸山。東北風。々太急。廿二日、行到余姚県。所乗大船及諸調度之物、留着彼処。潤十月一日、行到越州之

底。十五日、乗駅入京。廿九日、馳到東京。天子在東京。卅日、天子相見問訊之、日本国天皇、平安以不。使人謹答、天地合徳、自得平安。天子問曰、執事卿等、好在以不。使人謹答、天皇憐重、亦得好在。天子問曰、国内平不。使人謹答、治称天地、万民無事。天子問曰、此等蝦夷国有何方。使人謹答、国有東北。天子問曰、蝦夷幾種。使人謹答、類有三種。遠者名都加留、次者名麁蝦夷、近者名熟蝦夷。今此熟蝦夷。毎歳、入貢本国之朝。天子問曰、其国有五穀。使人謹答、無之。食肉存活。天子問曰、国有屋舎。使人謹答、無之。深山之中、止住樹本。天子重曰、朕見蝦夷身面之異、極理喜怪。使人遠来辛苦。退在館裏。後更相見。十一月一日、朝有冬至之会。々日亦覲。所朝諸蕃之中、倭客最勝。後由出火之乱、棄而不復検。十二月三日、韓智興傔人西漢大麻呂、枉讒我客。々等獲罪唐朝、已決流罪。前流智興於三千里之外。客中有伊吉連博徳奏。因即免罪。事了之後、勅旨、国家、来年、必有海東之政。汝等倭客、不得東帰。遂匿西京、幽置別処。閉戸防禁、不許東西。困苦経年。難波吉士男人書曰、向大唐大使、触島而覆。副使親覲天子、奉示蝦夷。於是、蝦夷、以白鹿皮一・弓三・箭八十、献于天子。

伊吉連博徳の書によると、「この天皇の御世に、小錦下《しょうきんげ》坂合部石布連《さかいべのいわしきのむらじ》・大山下《だいせんげ》津守吉祥連《つもりのきさのむらじ》らの二つの船が、呉《くれ》唐《もろこし》の路に派遣された。己未の年（斉明五年）の七月三日に難波の三津浦《みつのうら》を発した。八月十一日に筑紫の大津の浦を発した。九月十三日に百済の南方の島に着いたが、島の名ははっきりしない。

十四日の寅《とら》の時に、二船あいそろって大海に乗り出した。

十五日の日入《とり》の時に、石布連の船は横からの悪い風を受け、南海の島に漂着した。島の名は爾《に》加委《かい》という。そこで島人に殺害されたが、東漢長直阿利麻《やまとのあやのながのあたいありま》・坂合部連稲積《いなつみ》ら五人は、島人の船を盗み、それに乗って逃げて括州に着き、州県の官人が洛陽《らくよう》の京に送りとどけた。

十六日の夜半《ね》の時に、吉祥連の船は、越州の会稽県《かいけいけん》の須岸山《しゅがんさん》に着いた。東北の風が吹き、大変強かった。

二十二日に余姚県《よようけん》に着き、乗ってきた大船と諸種の備品とをそこに留めた。

潤十月の一日に越州の州衙に着いた。

十五日に、駅馬に乗って京（長安）に入った。

二十九日に、さらに馬を走らせて東京（洛陽）に到った。天子（高宗）は東京においでになった。

三十日に、天子は謁見して、『本国《やまとのくに》の天皇《すめらみこと》は、無事でおられるか』とおたずねになった。使人は謹んで、『天と地との徳を合わせて、おのずと無事でおいでになります』とお答えした。天子が、『政務にたずさわる卿《まへつきみ》たちは、何事もないか』とおたずねになると、使人は謹んで、『天皇が御心をおかけになっておられますので、何事もなくすごしております』とお答えした。天子がまた、『国内は穏やかか』とおたずねになると、使人は謹んで、『政治が天地の理にかなっておりますので、すべての民が安穏に暮らしております』とお答えした。天子がさらに、

『ここにいる蝦夷《えみし》の国は、どちらの方角にあるのか』とおたずねになった。使人は謹んで、『東北の方角にございます』とお答えした。天子が、『蝦夷には幾種類あるのか』とおたずねになると、使人は謹んで、『三種類ございます。遠いものを都加留《つかる》、次を麁蝦夷《あらえみし》、近いものを熟《にき》蝦夷《えみし》と申します。いまここにおりますのは熟蝦夷で、毎年、本国の朝廷に入貢してまいります』とお答えした。天子は、『その国には、五　穀《いつつのたなつもの》（稲・麦などの主要な農作物）はあるのか』とおたずねになった。使人は謹んで、『ございません。肉を食べて生活しております』とお答えした。天子は、『その国には、家屋はあるのか』とおたずねになった。使人は謹んで、『ございません。深い山の中で、樹木の根もとを住みかとしております』とお答えした。天子は重ねて、『自分は、蝦夷の身体や顔の奇異な様子を見て、大変嬉しく、また驚いた。使人たちよ。遠くから来て疲れていることであろう。退出して館《むろつみ》（宿泊施設）におるがよい。また後に会うこととしよう』といわれた。

十一月一日に、朝廷で冬至《とうじ》の会《え》があり、その日にまた天子にお目どおりした。入朝した諸蕃のなかで、倭《やまと》の客人がもっともすぐれていたが、やがて火事の騒ぎのために見捨てられ、その後は相手にされなかった。

十二月三日に、韓智《かんち》興《こう》の従者の西漢大麻呂《こうちのあやのおおまろ》が、わが客人を讒言した。このため客人らは唐朝に罪ありとされ、流罪に処せられることになった。これに先立って、智興を三千里の外に流した。客人のなかに伊吉連博徳があり、唐朝に奏言したので、客人の罪は免じられた。こうしたことがあったのち、勅があり、『わが国は、来年きっと海東《わたのひがし》（朝鮮半島）の征討を行なうであろう。それゆえおまえたち倭の客人は、東に帰ってはならぬ』といわれ、結局西京（長安）でそれぞれ別の所に幽閉され、戸を閉ざされ、見張りを置かれ、往来を許されず、苦しみながらいく年かをすごした」とある。

また、難波吉士男人《なにわのきしおひと》の書によると、「大唐に赴いた大使は、船が島に触れて顚覆し、副使が天子にお目どおりして蝦夷を御覧に入れた。この時、蝦夷は、白い鹿の皮一、弓三・箭《や》八十を天子に献上した」とある。

七月三日の難波出航からは、日記の体裁を取っていることがわかる。ただ、九月十五日の日付のある坂合部石布の第一船の動向についての記事は、翌年十月十六日に東漢長直阿利麻から得た伝聞をまとめてこの日にかけ、記録したものであろう。平安時代以降の古記録にもよく見られる手法である。

閏十月二十九日に洛陽に到った一行は、三十日に天子に謁見した。蕃国の使節と中国の皇帝とのやりとりがリアルに伝わる貴重な史料である。蝦夷に関する問答が詳細に記録されているのも、この遣唐使の主要な任務が、倭国の支配領域が広大であったこと、そして倭国が蝦夷を支配していることを唐に示そうとしたものであることを物語っている。五世紀から見られた、倭国の「東夷の小帝国」志向の表われであろう（それにしても、この熟蝦夷の男女二人は、どこから連れてこられたのであろうか。また、この後、この人たちの扱いはどうなってしまったのであろう）。

十一月一日の朔旦冬至の儀に参列し、「諸蕃のなかで、倭の客人がもっともすぐれていた」などと記しているのは、まさに夜郎自大の最たるものであるが、その後は相手にされなかった。この時点では、「火事の騒ぎ」のせいであると認識していたようであるが、実はそうではなく、唐の百済討伐計画が日程に上ってきたからなのであった。

十二月三日に讒言によって流罪に処せられかけたというのも、実際には百済討伐計画に関わる措置なのであろう。なお、伊吉博徳の奏言によって罪が免じられたというのは、後に述べるような、持統朝における博徳の政治的立場による功績の強調であろう。

この後、高宗は使節に百済討伐を告げ、一行は長安で幽閉され、何年かを過ごすことになる。

なお、「難波吉士男人の書」というのも、この後に引かれている。これも遣唐使の一行の一人が記録した「日記」なのであろうが、博徳の書ほどの重要性を認められなかったようで、彼の記録が引かれているのは、この箇所のみである。大宝律令編纂から『日本書紀』編纂時における博徳の重要な地位に基づく可能性もあるが。

次に百済の滅亡を記した高麗沙門道顕の『日本世記』に次いで、斉明六年（六六〇）七月乙卯（十六日）条に、「伊吉連博徳書」が引かれている。

伊吉連博徳書云、庚申年八月、百済已平之後、九月十二日、放客本国。十九日、発自西京。十月十六日、還到東京、始得相見阿利麻等五人。十一月一日、為将軍蘇定方等所捉百済王以下、太子隆等、諸王子十三人、大佐平沙宅千福・国弁成以下卅七人、幷五十許人、奉進朝堂。急引趍向天子。天子恩勅、見前放着。十九日、賜労。廿四日、発自東京。

また伊吉連博徳の書によると、「庚申の年の八月に百済が平定されたのち、九月十二日に、客人を本国に放還することとなった。十九日に西京（長安）を出発した。十月十六日に東京（洛陽）までもどり、ここで初めて阿利麻《ありま》（東漢長直阿利麻）ら五人と会うことができた。十一月一日に、将軍蘇定方《そていほう》らに捕えられた百済の王（義慈《ぎじ》王）以下、太子隆《りゅう》ら諸王子十三人、大佐平沙宅千福《さたくせんふく》・国弁成《こくべんじょう》以下三十七人、あわせて五十人ばかりが朝廷にたてまつられ、すぐ天子のもとにつれていかれた。天子は恩情ある勅を発し、その場で彼らを自由の身とされた。十九日に、われわれは労をねぎらうことばを受けた。二十四日に東京を出発した」とある。

百済滅亡後、九月十二日の倭国放還の決定から、十一月二十四日の洛陽出立までを記録している。その中で、十一月一日に百済の義慈王以下、諸王子や貴族、合わせて五十人ほどが連行されて高宗の前に引き出された光景を見た衝撃は、想像に余りある。国家というものが滅亡するものであること、そしてそれが倭王権成立以来の同盟国であった百済であることの感慨は、はかりしれないものであったことであろう。
　最後に、斉明七年（六六一）五月丁巳《（二十三日）》条の耽羅《たんら》王子の「貢献」にかけて、一行の帰朝に関わる記事を引いている。

伊吉連博得書云、辛酉年正月廿五日、還到越州。四月一日、従越州上路、東帰。七日、行到檉岸山明。以八日鶏鳴之時、順西南風、放船大海。々中迷途、漂蕩辛苦。九日八夜、僅到耽羅之島。便即招慰島人王子阿波伎等九人、同載客船、擬献帝朝。五月廿三日、奉進朝倉之朝。耽羅入朝、始於此時。又、為智興傔人東漢草直足島、所讒、使人等不蒙寵命。使人等怨、徹于上天之神、震死足島。時人称曰、大倭天報之近。

　伊吉連博得の書には、「辛酉の年の正月二十五日に、越州までもどった。四月一日に越州をたち、東への帰路についた。七日に檉岸山《ちょうがんさん》の南に向かった。八日の鶏鳴之時《あかつき》（夜明け前）に、西南の風に乗じて船を大海にのり出した。海上で航路に迷い、漂流し、苦労した。九日八夜してやっと耽羅島《たんらのしま》（済州島）に到着した。そこで島人の王子阿波伎ら九人にすすめて使人の船に同乗させ、帝朝《みかど》にたてまつろうと考えた。五月二十三日に朝倉の朝廷にたてまつった。耽羅の入朝はこの時が初めてである。また、智興の従者の東《やまとの》漢《あやの》草《かやの》直《あたい》足島《たりしま》に讒言されたため、使人らは唐の朝廷から好遇をえることができなかったが、使人らの怨《うらみ》が上天の神に達し、足島を落雷で死なせた。その時、人々は、『大倭《やまと》では天のむくいのなんと早いことか』といって称讃した」とある。

耽羅の「入朝」が自分たちの功績であることを強調する記述となっている。ここで東漢草直足島の讒言とその死を記しているのは、「博徳の書」が遣唐使としての正式な報告書としてではなく、個人的に記録されたものであると考えられる。(6)

なお、この時すでに、中大兄を中心とする倭国は百済救援の出兵に乗り出し、斉明以下は筑紫の朝倉橘広庭宮に遷御していた。七月に斉明は死去し、中大兄たちは天智二年（六六三）の白村江の戦いを迎えるのである。

以上、『日本書紀』に引かれる「伊吉連博徳書」を紹介してきた。森公章氏は、この史料の性格について、単なる斉明五年遣唐使の記録ではなかったようであるとされたうえで、次のように結論付けられている。(7)

> そもそも博徳は天武十二年（六八三）までは伊岐史姓であり（天武十二年十月己未（五日）条で連賜姓）、『伊吉連博徳書』という名称は後代のものである。『博徳書』と「博徳言」が一連の内容のものかどうかは措くとしても、上述の斉明五年遣唐使の記述には博徳の功績を強調するところが看取され（唐で

の使人に対する冤罪を救うとか、使人が寵命を蒙らなかったことに対する不満と讒者への天譴を述べるなど）、遣唐使の正式な報告書ではなく、別の目的で編纂されたものではないかと考えられてくる。博徳は朱鳥元年（六八六）天武天皇死後に起きた大津皇子謀反事件で処罰されており（持統即位前紀朱鳥元年十月己巳《二日》条）、その後復権して外交や律令編纂など国家の要務に起用されるようである。したがって『博徳書』は持統四年頃に官界復帰する際に、自己の国家に対する貢献の足跡をまとめて提出したものと考えられ、それ故に上記のような特徴が窺われることになる。斉明五年遣唐使に関しては、『難波吉士男人書』も引用されているが、短文の引用であり、様々な局面で外交に従事し、より整備された『博徳書』の方が当該期の外交のあり方を知る材料として重視されたのであろう。持統五年には十八氏に「其祖等墓記」を提出させるなど（持統五年八月辛亥《十三日》条）、時あたかも『日本書紀』に結実する編纂事業が進む時期であり、博徳もまた自己の功績を顕彰する機会としたのではあるまいか。

以上を要するに、『伊吉連博徳書』は純粋な意味での日記とは言えないが、遣唐使の記録が日次記風に記してあるのは、そうした手控えの資料が存したことを窺わせる。それは近年出土点数が増加する七世紀の木簡のあり方を参考にすると、木簡に記されていたものかもしれない。

二　壬申の乱従軍舎人日記

次に『日本書紀』巻二十八、いわゆる壬申紀の原史料の一つとなった従軍舎人日記について述べてみよう。(8)

壬申紀の材料となった主要な原史料としては、場面毎に、以下のようなものが想定される。

・挙兵の決意（五月）　編纂段階の作文
・美濃先遣～不破進出（六月二十二日～二十七日）　安斗《あと》智徳《のちとこ》「日記」／調《つきの》淡海《おうみ》「日記」
・近江朝廷の対応（六月二十六日）　近江朝廷訊問記録／編纂段階の作文
・和蹔《わざみ》での検軍（六月二十八日～二十九日）　和珥部《わにべ》君手《のきみて》「日記」
・飛鳥開戦／大倭戦線（六月二十九日～七月四日）　大伴《おおとも》吹負《のふけい》戦記
・伊賀戦線（七月五日～六日）　多《おおの》品治《ほんじ》・田中《たなかの》足麻呂《たりまろ》周辺の「日記」
・近江路戦線（七月七日～十七日）　和珥部君手「日記」
・瀬田《せた》川の最終戦（七月二十二日）　和珥部君手「日記」／編纂段階の作文
・河内・大倭戦線（七月一日～二十二日）　大伴吹負戦記

これらのうち、吉野脱出から不破進出までの場面における安斗智徳と調淡海の「日記」、近江路戦線の場面における和珥部君手の「日記」、伊賀戦線の場面における多品治・田中足麻呂周辺の従軍舎人「日記」が、「日記」ということになる。

『釈日本紀』巻第十五・述義十一所引私記には、「安斗智徳日記」が二箇所、「調連淡海〈従五上〉・安斗宿禰智徳〈従五下〉等日記」が一箇所、巻第二十一・秘訓六所引私記に「安斗智徳日記」が一箇所、それぞれ引用され、巻第十五・述義十一所引私記に「和迩部臣君手記」の存在が見える。

ただし、安斗智徳についてカバネが宿禰、位階が従五位下、調淡海についてカバネが連、位階が従五位上という記述があったり[9]、その「日記」に「天皇」とか「親王」といった呼称が見えることから、これらの「日記」は壬申の乱の最中、あるいは直後に記録されたものではなく、かなり後になって記述されたものであると考えた方がよかろう[10]。

鬼頭清明氏は、舎人が毎日の戦闘状況を木簡に書き記したとされるが[11]、吉野から伊勢までの慌ただしい行程を考えると、これは考えがたいのではなかろうか。

また、天武紀に見える功臣の卒伝に記された壬申の乱における功績と、壬申紀に見える壬申の乱における功績とは、記述が異なる例が多く（死亡時の報賞の対象となった戦績と壬申紀に描かれた活躍とが異なる場合もある）、天武紀の原史料と壬申紀の原史料とは異なるものであったことが想定できる。これも「日記」が乱直後の提出ではないことの徴証と考えられよう。

安斗智徳や調淡海のカバネや位階からすると、「日記」は和銅年間、七一〇年前後に提出されたものとも考えられようが、カバネや位階を後世の追記と考えれば（特に位階は注記に過ぎない）、それはあまり考慮に入れなくともよいものかとも思える。

もう一人、和珥部君手は『続日本紀』文武元年（六九七）九月壬寅（九日）条の記事が死亡記事とするならば、「日記」は君手存命中の六九〇年代に記されたものを、死亡後にその子孫が提出した可能性が考えられる。

『日本書紀』の原史料とすべく十八の氏に「其《そ》の祖等《おやども》の墓記《おくつきのふみ》」の上進が命じられたのが持統五年（六九一）であり、その後数年にして、六九〇年代に「墓記」が提出されたとするならば、それと軌を一にして、「日記」の筆録も命じられたものと考えてもよいのではないか。想像をたくましくすれば、各氏の墓記に壬申の乱の記事が少ないことを考慮して、壬申の乱参加者に対して、「日記」の筆録が改めて命じられたと考えることもできよう。

では以下に、残存従軍舎人日記と壬申紀とのテキストを比較してみよう。それらの「日記」と、壬申紀の本文とを、上下二段に並べて比較してみる。両者に共通する記述には傍線、独自の記述には二重傍線を引いておく。まず六月二六日の記述では、

安斗智徳日記	壬申紀天武元年六月丙戌条
廿六日辰時、於朝明郡迹大川上而	丙戌、旦、於朝明郡迹太川辺、

拝礼天照太神。

令発信濃兵。

望拝天照太神。

是時、益人到之奏曰、所置関者、非山部王・石川王。是大津皇子也。便随益人参来矣。大分君恵尺・難波吉士三綱・駒田勝忍人・山辺君安麻呂・小墾田猪手・泥部眡枳・大分君稚臣・根連金身・漆部友背之輩従之。天皇大喜。将及郡家、男依乗駅来奏曰、発美濃師三千人、得塞不破道。於是、天皇美雄依之務、既到郡家、先遣高市皇子於不破、令監軍事。遣山背部小田・安斗連阿加布、発東海軍。又遣稚桜部臣五百瀬・土師連馬手、発東山軍。

ということになる。「日記」の「辰時」を「旦（あした）」、「川上」を「川辺」、「拝礼」を「望拝」と、それぞれ書き替えてはいるものの（「迹大川」、「天照大神」の「大」と「太」は、通用する字と考えるべきであろう）、基本的には原史料である「日記」をほぼそのまま壬申紀は取り入れている。

『釈日本紀』の述義というのは、『日本書紀』の語の意味について注釈を付けるもので、たまたま問題となった部分について「日記」を引用しているのであり、「日記」の記述はこの他の部分にも及んでいるのであろう。大海人の天照太神遙拝と東山軍徴発については、ほぼ「日記」に依拠していることが確認できる。

なお、「信濃兵」を「東山軍」と書き替えているのは、いまだ壬申年の段階では七道制が成立しておらず、「信濃」方面という意味で使っていたのを、律令制下である『日本書紀』編纂時には、「東山」としたものであろう。

次に、六月二七日の記述は、以下のとおりである。

壬申紀天武元年六月丁亥条	調淡海・安斗智徳等日記
到于野上、高市皇子自和蹔参迎、以便奏言、昨夜、自近江朝、駅使馳至。因以伏兵而捕者、則書直薬・忍坂直大麻呂也。問何所往。答曰、為所居吉野大皇弟、而遣発東国軍韋那公磐鍬之徒也。然磐鍬見兵起、 乃逃還之。 既而天皇	石次見兵起、 乃逃還之。 既而天皇 問唐人等曰、汝国数戦国也。必知戦術。今如何矣。一人進奏言、厥唐国先遣覩者、以令視地形険平及

消息、方出師。或夜襲、或昼撃。
但不知深術。
時天皇謂親王云々。

雖独居

謂高市皇子曰、其近江朝、左右大臣、及智謀群臣、共定議。今朕無与計事者。唯有幼少孺子耳。奈之何。皇子攘臂案劒奏言、近江群臣雖多、何敢逆天皇之霊哉。天皇雖独、則臣高市、頼神祇之霊、請天皇之命、引率諸将而征討。豈有距乎。爰天皇誉之、携手撫背曰、慎不可怠。因賜鞍馬、悉授軍事。

この部分は少し複雑である。まず「日記」では、

1　近江朝廷の東国軍徴発使が逃げ帰ったこと。
2　大海人が唐人に戦術を諮問したこと。
3　大海人が高市に人材の少なさを嘆いたこと。
4　高市が自分が諸将を率いて戦うことを宣言したこと。
5　大海人が高市に全権を委任したこと。

という順序で記述される。ところが壬申紀では、2（唐人への戦術諮問）の部分をまったく割愛し、「既而天皇」（これは本来、2の冒頭部分だった）から「謂高市皇子」へと記述を飛ばしている。壬申紀の立場

としては、天武「天皇」が唐人（白村江の捕虜か）などに戦術を尋ねるなどといった不名誉な部分は、削除してしまったのであろう。このような政治的配慮に基づく改変を除いては、壬申紀はほぼ二人の舎人の「日記」に依存していることが確認できる。

なお、4（高市の宣言）に関する部分に、「雖独居」という語が存在したことが『釈日本紀』巻第二十一・秘訓六に見えることから、巻第十五・述義十一にも、「云々」以下に高市の奏言の詳しい文言が存在したことがわかる。

なお、従軍舎人日記は、壬申の乱参加者のすべてに対して、筆録が命じられたのではあるまい。「日記」の必要性が高まったのが持統朝とするならば、すでにかなりの数の功臣が世を去っていたと思われる。仮に持統五年という年を設定して、その時点で生存していた功臣を各戦線毎に列挙すると、以下のようになる（なお、□で囲った十八人は、文武元年時点の生存者である）。

・美濃先遣→近江戦線に派遣　[和珥部臣君手]
・不破閉塞→伊賀戦線に派遣　多臣品治
・吉野脱出→不破方面　[黄書造大伴]・[県犬養連大伴]・佐伯連大目・大伴連友国・[安斗連智徳]・[調首淡海]
・吉野脱出→東山の軍を発す　稚桜部臣五百瀬
・吉野脱出→東海の軍を発す　[山背部小田]

・吉野脱出→近江に派遣　書首根摩呂
・屯田司舎人→東山の軍を発す　土師連馬手
・積殖山口で合流→不破方面　民直大火
・伊勢鈴鹿で合流→伊賀戦線に派遣　田中臣足麻呂
・伊勢鈴鹿で合流→鈴鹿山道を塞ぐ　高田首新家
・筑紫大宰の子　三野王
・飛鳥制圧を不破に報告　大伴連安麻呂・坂上直老
・大倭戦線軍　三輪君高市麻呂・鴨君蝦夷・民直小鮪
・玉倉部邑襲撃軍を追撃→越方面　出雲臣狛
・古京を固守　忌部首子人

これら二十三人のうち、持統五年に死亡した佐伯連大目、持統六年に死亡した大伴連友国、持統六年に冠位を脱した三輪君高市麻呂は、とりあえず除外してもよかろう。残る二十人のうちの何人かに「日記」の筆録が命じられ、そのうちの何人かが実際に「日記」を提出して、そのうちのまた何人かの「日記」が、壬申紀の原史料になったのであろう。

なお、「日記」筆録の候補者として、多くの東漢氏系フミヒトが壬申の乱に参加していることを加藤謙吉氏から指摘されたが、その点はあまり考慮しなくてもよさそうである。実際に「日記」が残存している三人を見てみると、安斗智徳は物部系氏族の者（『新撰姓氏録』左京神別上・山城国神別）、調淡海は百済系で東漢系調忌寸とは別氏の者（『新撰姓氏録』左京諸蕃下）、和珥部君手は美濃の地方豪族とされるからである。(12)

さて、その三人であるが、和珥部君手は六月二十二日に美濃に先遣され、おそらく不破で六月二十七日に大海人と合流し、七月二日に近江戦線軍に編入され、七月七日の息長横河の戦い以降、近江路を大津宮に向かって進撃した。安斗智徳と調淡海は、六月二十四日に大海人とともに吉野を脱出し、おそらくは大海人とともに六月二十七日に不破に向かい、その後は野上行宮近辺で大海人の側近に侍していたものと思われる。

してみると、安斗智徳と調淡海の「日記」が、六月二十六日の伊勢国朝明郡における記事と、六月二十七日の美濃国野上における記事の原史料となったということは、偶然ではあるまい。六月二十四日の吉野脱出から六月二十七日の野上における高市への全権委任までの一連の記事のかなりの部分、もしかするとそのすべてが、この二人の「日記」を原史料として記述された可能性を考えたい。和珥部君手は、すでに六月二十二日に先遣され、この脱出行の一行の中にはいなかったのである。

また、大津宮を脱出して積殖山口で合流した高市の一行には民直大火がいたにもかかわらず、記事の視点は大海人側からのものである（大津合流の記事も同様）。これらの記事も、大海人と行動を共にしていた舎人によって記録されたものであろう。

一方、これまで触れなかった「和迩部臣君手記」について考えたい。それは『日本書紀』天武元年七月庚寅条、七月一日の「庚寅、初向乃楽。」という記事に付された、『釈日本紀』巻第十五・述義十一所引私記に、次のように見える。

　　庚寅、初向乃楽。〈私記曰、…但案、和迩部臣君手記云々。六月是小月也。〉

「和迩部臣君手記」には「云々」とあり、したがって六月は小月である、というのである。ということは、ここでは「和迩部臣君手記」は壬申紀の七月一日の記事自体についての注として引かれているのではなく、六月二十八日、六月二十九日、七月一日と連続する「日記」が存在したことを示しているのである。六月三十日の「日記」が存在せず、六月二十九日の次の日は七月一日である、したがって六月は小月であると言っているのである。ちなみに、この壬申紀の庚寅条は大倭戦線に関する記事であり、和珥部君手は大倭戦線には参加していない。

とすると、天武元年六月戊子（二十八日）条の和蹔における大海人の検軍、天武元年六月己丑（二十九日）条の和蹔における大海人の戦争指導に関するきわめて簡略な記事は、「和迩部臣君手記」を原史料として記述された可能性がきわめて高い。ひるがえって、その後の近江戦線の記事もまた、「和迩部臣君手記」を原史料としていると考えたい。七月七日の息長横河の戦に始まる近江戦線の記事もまた、同じように簡略なものだからである。

近江戦線への参加者は、将軍の村国連男依をはじめとして美濃の豪族出身者が多かった。もともと十分な教育を受けておらず、乱後も中央に出仕する者が少なかったであろうことが推察され、ほとんどの者が「日記」を残せなかったのであろうか。わずかに、これも美濃の豪族の出身である和珥部君手が

「日記」を記すことができ、近江戦線記事の原史料となったものの、やはり簡略な記事とならざるを得なかったのであろう。

また、伊賀戦線の将となった多品治と田中足麻呂が、共に持統朝にも生存しており、戦闘記事もこの二人の視点から記されていることから、この場面の原史料は近江朝廷軍の訊問記録ではなく、両者の周辺の「日記」であったと思われる。この点については、品治の子とされ、壬申の乱の情景を描く『古事記』序文を書いている安万侶《やすまろ》が、壬申の乱にどのように関わっていたかという問題と絡め、興味深い。

以上、従軍舎人日記について考えてみた。吉野から不破、不破から大津までの記事のかなりの部分を、三人の舎人の「日記」を原史料として記述されたであろうことを想定した。従軍舎人日記というのは、年々薄くなる舎人の記憶や、それぞれの主張も考慮に入れなければならないとはいえ、実際に従軍して戦場を移動し、見聞した事実を記載したものであり、日付の認識も明確に存したものであろう。日付に沿って、原則的に毎日記録するものを「日記」と定義付けるならば、これらは厳密な意味での日記とは言えないことになるが、一方では広義の「日記」と称することも、十分に可能であろう。

おわりに

これまで見てきた伊吉連博徳書および壬申の乱従軍舎人日記と、平安時代の古記録との間には、おおよそ二百年にも及ぶ時間の間隔、木簡に記録するということと具注暦に記録するということの素材の差異、そして何より、毎日記録するという記録態度について、大きな断絶が存在する。

その間、律令国家の成立に伴う具注暦の班賜（頒暦《はんれき》）と紙の普及があり、律令官司や官人たちの中には、具注暦にその日の業務を日常的に記録する者も数多く現われたのであろう。しかし、それらはほとんど、今日まで残されていない。それらが後世にまで伝えなければならない史料であると認識されていなかったことによるものであろう。

十世紀前半に頒暦が行なわれなくなってから、逆に平安貴族による古記録が増加するというのも、古代国家の変遷と考え併せると、これもまた興味深い現象である。

（1）以上、主に倉本一宏「序に代えて―日記と古記録について―」（倉本一宏編『日記・古記録の世界』思文閣出版、二〇一六年）より。
（2）森公章『遣唐使の光芒―東アジアの歴史の使者』角川学芸出版、二〇一〇年。
（3）前掲注（2）。
（4）「伊吉連博徳書」については、坂本太郎「日本書紀と伊吉連博徳」（『坂本太郎著作集第二巻　古事記と日本書紀』吉川弘文館、初出一九六四年）、北村文治「伊吉連博徳書考」（坂本太郎博士還暦記念会編『日本古代史論集　上巻』吉川弘文館、一九六二年）、森公章「遣外使節と求法・巡礼僧の日記」（『日本研究』四四、二〇一一年）を参照されたい。
（5）「日記風」に、現代語訳（井上光貞監訳『日本書紀　下』〈現代語訳　笹山晴生〉中央公論社、一九八七年）の方は日付毎に行を替えて示した。

（6）森前掲注（4）。
（7）森前掲注（4）。
（8）詳細は倉本一宏「『日本書紀』壬申紀の再構築」（あたらしい古代史の会編『王権と信仰の古代史』吉川弘文館、二〇〇五年）、および倉本一宏『壬申の乱』（吉川弘文館、二〇〇七年）をご覧いただきたい。
（9）安斗智徳は『続日本紀』和銅元年（七〇八）正月乙巳（十一日）条に従五位下に叙せられたことが見える。調淡海は『万葉集』巻第一―五五に大宝元年（七〇一）九月の紀伊行幸に際して「調首淡海」として見え、『続日本紀』和銅二年（七〇九）正月丙寅（九日）条に「調連淡海」として従五位下に、『続日本紀』和銅六年（七一三）四月乙卯（二十三日）条に従五位上に、それぞれ叙せられたことが見える。
（10）直木孝次郎「舎人の日記」『壬申の乱　増補版』塙書房、一九九二年。
（11）鬼頭清明「壬申の乱の前線ルポ」　朝日新聞社編『古代史を語る』朝日新聞社、初出一九八九年。
（12）大橋信弥「近江における和邇系氏族の研究」『日本古代の王権と氏族』吉川弘文館、初出一九九二年。

第二章　日記が語る中世史
——女房と日記

松薗　斉

はじめに

日本の前近代に記された日記について、例えば中国やヨーロッパの状況と比較してみると、その特色の一つとして、早い時期から女性の日記が確認される、言い換えると日記に女性が関わっているということがあげられるのではないかと思う。

個人の日記そのものが多く残され始めるも日本は早いが、すでにその始まりの時期に女性の存在が確認される。九世紀末から一〇世紀初めにかけて、天皇や皇族、上級貴族などの男性の日記が残され始めるが、すでにこの頃には『大后御記』と呼ばれる日記があったことが知られている。これ自体は写本どころか逸文もほとんど残されていないが、少し時代が下った藤原実資の『小右記』に「天暦母后御記」（長和三年一〇月二一日条）、「承平二年太后御記」（寛仁三年正月三日条）などとして引勘され、醍醐天皇の中宮藤原穏子（八八五〜九五四、基経の女、朱雀・村上両天皇の母）の日記と推測されている。穏子本人の日記ではなくその女房の記録とする説もあるが、『小右記』では、道長との対話の中で「御記」とか

「御日記」と「御」を付けられ敬われているところからすると、彼らの祖先もしくは天皇の日記である可能性が強いので、穏子自身の日記と当時は考えられていたようである。(1)

そして一〇世紀後半に入ると、『蜻蛉日記』を始めとする女流日記文学が花開く。それらは一種の回想録ではあるものの、その素材には日々の日記、特に当時の物忌や日の吉凶に束縛される生活習慣から暦、特に具注暦を所持し、それに日々の出来事や和歌などを書き記していたことは確かであろう。(2)

一一世紀前半にかけての平安中期、これら日記文学の作者として著名な紫式部（『紫式部日記』）・藤原道綱母（『蜻蛉日記』）・和泉式部（『和泉式部日記』）・菅原孝標女（『更級日記』）らは、宮廷の女房と一括りにすることは可能であるが、よく見ると令制の後宮十二司に属する女官のポストに就いていた女性たちではない。家の女房、つまり紫式部のように内裏の中宮彰子に仕えていても、その父である道長に私的に雇われた女房であったり、道綱母のように権門の妻妾の一人だったりと公的なポストに就いていた女性は少ないようである。それが一二世紀以後、いわゆる中世に入ると、讃岐典侍（『讃岐典侍日記』）や弁内侍（『弁内侍日記』）・中務内侍（『中務内侍日記』）、それに日野名子（中納言典侍、『竹むきが記』）など典侍や内侍（掌侍）の地位にある女房たちが多く現われ、一方でそれ以外の、つまり令制に由来する公的な存在以外の、院や女院といった新たな宮廷サロンを形成する女房たち、例えば建礼門院右京大夫（『建礼門院右京大夫集』）や建春門院中納言（『建春門院中納言日記（たまきはる）』）、阿仏尼（安嘉門院越前、ついで右衛門佐、後四条と称す。『うたたね』『十六夜日記』）、それに後深草院二条（『とはずがたり』）がその作者群を形成している。中世の女房たちは、内裏の典侍や掌侍と名乗っていても、院や女院の御所に仕える者もいるし、一方で天皇や院の侍妾化も進んでおり、中世的な天皇の「家」に所属し、その家族を構成する女性たちである。また、彼女たちはそれぞれの実家の「家」のメンバーとしても活動しており、その実態は極めて複雑な様相を示している。

ところで、これら貴族社会に生きた女性たちの活動を知るためには、彼女たちが残した日記や和歌などの文学作品以外に、当時の男性貴族たちが残した日記を見ていく必要がある。しかし、男性の日記が職務上のメモであるため、宮廷の女性たちとは言っても、皇后や中宮などのトップの女性たち以外は、女叙位などの人事に関する記事や節会・神事などの儀式で典侍・内侍のように役割をもった女房でなければほとんど記されることはない(3)。儀式の中で記される場合は、ただ典侍とか・内侍、采女などと職名で記されるだけで、具体的な女房名まで記されることは少なく、女叙位の場合においても、ほとんどがそれを行なったというだけの記事が多く、昇叙された女性の名が知られることが限られているのは、彼女たちの存在が男性貴族たちの官僚としての出世とは別体系にあったためと考えてよいであろう。

しかし、長いスタンスで見ていくとそのような男性貴族の眼も変化していくようであり、中世に入ると治天のもとで権力をもつ女性たち、楊貴妃にたとえられた後白河院の丹後局（『玉葉』文治三年二月一九日条）や後鳥羽院の卿二品（藤原兼子）など、彼らが注目せざるをえない女房たちの名が日記に頻出するようになる。さらに中世後期になると日記の中に占める女性の名は、内裏や仙洞、摂関家や将軍家に仕える女房たちばかりでなく、権門の尼門跡以下の数多くの尼たちが加わり、相対的に女性についての記事は増加していくことになる。戦国期には、『言継卿記』のように内裏の女房といっても、それまで主として記載対象であった典侍や内侍より身分の低い台所などに仕える下級女房の名まで記されるようになる[4]。同じ男性の貴族（公家）の日記に記されているからと言って、平安中期と後期（院政期）、鎌倉期と南北朝・室町期、それに戦国期とこれらの女房たち、たとえば内侍なら内侍と同レベルで論じる訳はいかないのである。彼女たち自身も変化しているし[5]、男性貴族の眼も変化しているのである。

女性史の通説的理解によれば、近世に近づくとともに、女性は「家」の中に閉じ込められていき、その社会的地位は低下すると論じられるが、中世の日記の中に見える彼女たちを追っていくと、その活動はむしろ活発化しているように見受けられる。注意すべきは、この史料的状況を、女性の現実的な活動の活発化を伝えるものか、それとも朝廷の職務を主対象とした王朝日記の性格を喪失し、「家」という枠組みでの視野におさめるべき対象としての女性の記事が増加したのか、それとも支配者としての政治的経済的地位が低下し、その視点が下に移っていったがために、その視野に従来入ってこなかった人々まで日記に記録するようになったのか、難しい問題である。

ここでは、中世前期、特に鎌倉期に焦点を絞り、その時期における女性たちと日記という記録形態との間に生じた関係の変化を考えて、この時期の貴族社会における日記という一つの文化を理解するために視点を提供してみたい。

一　家記の形成と女性

日記文学の作者となった中世の宮廷女房たちは、前述したように天皇の「家」のメンバーであるとともに、実家の「家」にも所属し、両方から影響を受ける存在であった。さらに日記に関して言えば、彼女たちが所属する「家」自体が中世社会の成熟とともに「日記の家」化していたこと[6]もその要素として加わってくるのである。

日記文学を残した女性たちのみならず、中世に入ると何らかの形で日記と関わる女性たちの史料が散見するようになる。平安時代までは、女性と日記は個人的なつながりであったために、文学作品も含め、なかなか史料に現れないが、「日記の家」の形成とともに、日記が「家」に所属するようになり、一方、女性たちも「家」における縛りが強まるとともに、その関わりが男性貴族の目を引くことになるのである。

まず、その初期の状況を示す史料として、平安中期の次のようなものがある。

①「小野宮幷荘園・牧・厩及男女・財物・惣家中雑物繊芥不レ遺充二給女子千古一了、注二文書一預給了、道俗子等一切不レ可二口入一之由、注二処分文一、至二官文書・累代要書・御日記等一追可二相定一、女子若産二男子一、為レ与レ彼、暫不二定充一而已……」（『小右記』寛仁三年一二月九日条）

この史料①は、寛仁三年（一〇一九）、『小右記』の記主藤原実資が小野宮と号する邸宅以下の家財を「女子千古」に譲ることを記した記事であり、小野宮流藤原氏の女系相伝を示す史料として、高群逸枝氏の研究以来極めて著名なものである。

ここで実資があらゆる財産を譲ったという「女子千古」に対しても、「至㆓官文書・累代要書・御日記等㆒追可㆔相定㆓」として、男性貴族の職務に必要な日記・文書類はいずれ彼女が男子を産んだ際には、その子に譲ることにされ、この時はひとまず保留されている。これらは、資平以下の実資の養子たちが廟堂で活動する際に、必要に応じて利用する便宜を図るため、女子への相続を留められたのであろう。ただし、この時代、藤原公任作の儀式書『北山抄』の一部が彼の婿であった藤原教通のために作成されたというように、保持された日記や儀式書の相伝は男系・女系両方に開かれていることを特徴にしており、実資の残した日記・文書類は千古の婿の利用にも供されたはずである。

史料①より一〇〇年以上経た後、女子への日記の相伝を知ることのできる史料に次のようなものがある。

② 「自㆓大納言殿㆒賜㆓故殿御記㆒書取、年来有㆓御秘蔵気㆒、而近会参入之次、**不㆓披露㆒并不㆑伝㆓女子㆒**、早可㆓書取㆒之由被㆑仰、仍乍㆑悦令㆓申請忩書取㆒了、已如㆑奉㆑謁㆓青眼㆒、感涙難㆑禁、春日大明神御恵也」（『山槐記』永暦元年〈一一六〇〉九月一〇日条）

この史料②は、一二世紀後半、『山槐記』の記主藤原忠親が、兄忠雅に伝来していた「故殿御記」、即ち亡き父忠宗の日記を書写することを兄から許可された際の記事である。長らく「秘蔵気」ありとあるように、忠雅は譲り受けていた父の日記を実弟忠親に見せることを渋っていたようであるが、他人には見せない、女子には伝えないという条件付きで書写してもよいと許し、忠親は急いで書写を果したというのである。「感涙難レ禁、春日大明神御恵也」とあるように、忠親にとって相当な喜びであったことがうかがわれる。

ほぼ同時代に、摂関家の兼実も摂関職を継いでいた次兄基房から「故殿御日記」と呼んでいた父忠通の日記を書写させてもらっており[7]、兄に遅れて廟堂に貴族として出身したものにとって、父祖その他の「家」に伝わる日記を書写させてもらうことが一つの関門となっていることが理解される。

忠親は、この記事の直後の一〇月三日に公卿への登竜門である念願の蔵人頭に就いている。多分すでにこの記事の時には内示を受けていたと考えられ、この蔵人頭就任が忠親に対していつまでも見せない訳にはいかない、という忠雅の決断の一つのきっかけとなったものと推測される。

摂関家庶流（師実流）の中では名門と目される花山院流であったが、父忠宗の早世は「家」の地位を不安定なものにさせたと推測される[8]。しかし、永暦元年二月、同じ師実流で二条天皇の外戚として優位に立っていた権大納言経宗が後白河院と二条天皇対立の中で解官・配流され失脚し、その空いたポストに忠雅は座ったばかりであった。彼にとっては、父の官職を超え、祖父家忠の極官（左大臣）への道が開かれ、名門の「家」を維持できる可能性をやっと見出した年であった。その余裕が弟への日記の書写を許したともいえるであろう[9]。

さて、史料②の中に見える「不二披露一幷不レ伝二女子一」という部分に注目してみよう。父祖の日記を

「披露」しない、つまり他人に見せないということを書写の際などに明記することはこの時代によくみられる表現であるが、ここでは「女子に伝えない」という文言とペアになっているところが重要であろう。この場合、明らかに女子の婿に見せることも、さらにその縁を通じて外孫に伝わり、他家に流出することをも禁じ始めていると考えられる。

史料②を少しさかのぼる『中右記』という日記には、「今日々次宜、家記目録教二小大夫一也、為レ令レ継二家門一、最前教二家記一也」と見え（大治四年九月一二日条）、記主藤原宗忠が、今日は吉日なので「家記」の目録を「小大夫」と呼ばれる人物に教示したとあり、これは彼に「家門」を継がせるための行為だったという。この「小大夫」はすでにこの記事に言及された戸田芳実氏[10]によって宗忠の外孫、つまり宗忠の女子とその婿の源憲俊（村上源氏、雅俊の子）との間に生まれた憲能に比定されており、従うべきであろう。宗忠にはすでに宗能以下の男子がおり、大治四年当時宗能は四六歳で権右中弁の職に就いており、二年後には蔵人頭に昇って、「家」を継ぐ者としてゆっくりとしてではあったがその地歩を固めつつあった。宗忠は生涯、「家」の日記を整備し、自身の「家」の「日記の家」化を進めた人物であったが[11]、その「家記」の相続者としてこの宗能を指定しており（『中右記』保安元年六月一七日条など）、実際、宗忠の日記を核とするこの中御門流藤原氏の「家記」は、宗能の子孫に伝えられていったようである[12]。この記事に見える「家門」は、家記や家領・邸宅などの総体としての中世的な「家」を表わす表現ではなく、宗忠が自身の「家」の公卿学として達成したものを指していると考えられる。それは分割可能なものであり、宗忠の一五歳下の異母弟で太政大臣にまで昇進した宗輔などにも「家記」を閲覧させることによる「家門」の継承はなされていたと思われる。

しかし、ここで重要なのは、宗忠段階では女子のルートでも「家記」に含まれる公事情報の継承が可能であったものが、前述の忠親の場合、実弟であっても、嫡流の兄の許可がなければ、父の日記の閲覧が難しくなり、かつ女子を通じてその婿への相伝（たぶん閲覧も含め）を禁じられている点である。より「家」内部における父祖の日記の「家記」としての位置づけが強化されたことは疑いないであろう。このような意識は、日記に含まれた情報のみならず、日記そのもの、つまりモノとしての日記を重視する価値観を強化し、例えば自筆原本（正本）の相伝が嫡流であることを示すというような意識も生み出すことになろう。

ただし、それはあくまで原則、もしくは傾向と呼ぶべきものであったことは次の史料から知られよう。

③「資清卿進二顕時卿記一合一、院中事記之故、所レ召也、**外家之故相伝**云々、但非二正本一歟、不審」

（『花園天皇日記』正中二年閏正月六日条）

この記事は、源資清という貴族が、花園院に「顕時卿記一合」を献じてきたというもので、それはこの日記の中に「院中事」が記されているため、花園院の要望によってなされたというのである。資清は「外家」、つまり外戚関係によって相伝したらしく、「正本」（原本）ではなさそうだというのが花園院の見解であった。

「顕時卿記」の記主藤原顕時は、「日記の家」である勧修寺流藤原氏[13]の長隆の子で、仁安二年（一一六七）に五八歳で薨じており（『公卿補任』）、長らく鳥羽院の院司として活動していた貴族である。平治元年（一一五九）に五〇歳でやっと公卿に昇って、後白河院政期にも活動しているが（極官は正三位権中納言）、ここでいう「院中事」は主として鳥羽院時代の院御所における先例・故実を指し、その情報源として期待されたのであろう。[14]顕時の日記はその子孫に伝えられていたらしく、顕時の子盛隆が所持していたことが知られ、[15]恐らく盛隆の兄である行隆の子孫にも伝わっていたと考えられる。

資清は、花山源氏で神祇伯を代々世襲した白川家の業顕の子であるが、業顕の母は、前述の勧修寺流（長隆流）宗氏の女、そして宗氏の祖父が行隆である。宗氏の父行光[16]の女子二人は、それぞれ業顕の曽祖父業資王とその弟資宗の妻となっており、[17]両家には二重三重に姻戚関係が結ばれていたらしい。白川家も顕広、その子仲資さらにその子業資と日記が残されており、業顕にも日記があったことから知られる[18]ように「日記の家」化が進行しており、他家の日記の収集も行われていたのであり、このような密接な姻戚関係の場合、「家」と「家」の間で家記が共有されることも往々にしてあったであろう。婿への公事情報の提供という面での日記の相伝から「家」同士の協力関係の中での日記の共有という形態に変化しているのではないかと思う。

二　内裏女房と日記――『弁内侍日記』を中心に

1. 日記の御草子

「家」内部における日記・文書の相伝、特に父祖の日記（狭義の家記）については、このように女性を排除する傾向が強化されていく。しかし、この時代、一方では排除された女子たちが、天皇・院・女院・摂関家などの御所で女房として活躍し、実家から援助を受けるだけではなく、父や兄弟・甥などを様々な場でバックアップする存在になっていたようである。

『弁内侍日記』などの中世に成立した宮廷女房による日記文学には、女房たちが、年中・臨時の行事やそこに繰り広げられる儀式に強い関心を持っていることが看取される[19]。またそれらには、内裏以外に院や女院の御所にも様々な年中・臨時の行事が行われ、かつ日常的に出入りする男性貴族や官人たちとの取り次ぎや多くの女房の管理など、平安中期以前より拡大された彼女たちの活動が強く反映されていると思われる。そこでは「有識」の女房が活躍し、彼女たちは多くの記録やメモを作成していたと考えられるが、男性貴族らの「家」のような残されるべき場を持たなかったためか、その痕跡は社会的にはほとんど残されていないものの、文学作品としてのテキストを読み込むことで、そのような彼女たちの活動をもう少し表に引き出すことが可能なのではないかと思う。以下、いくつかそれらの記事をたどってみよう。

『弁内侍日記』の寛元五年正月一九日の記事[20]には次のような箇所がある。

④「十九日、**摂政かはらせ給ふとて、僉議せらる。**上卿二位中納言良教、職事頭弁顕朝、奏奉る程、

折しも月曇りがちにて、何となくものあはれなれば、弁内侍
　晴るる夜の月とは誰か眺むらんかたへ霞める春の空かな
奏奉るを、御湯殿の上にて少将内侍見て、着到せられたる紙屋紙の草子の端《つま》を破りて書きつけける、少将内侍、
　色かはる折もありけり春日山松を常磐となに思ひけん
これを見て返事、弁内侍、
　春日山松は常磐の色ながら風こそしたに吹きかはるらめ
日記の御草子三帖、大内裏の頃、中納言典侍殿にあづけさせ給ひたりしを、光国、申し出でて返し参らすべき由申し侍りしに、何とまれ申さばや、といふ事にてありしかども、御嘆きの程、心ばかりは用意せられて、弁内侍、
　浜千鳥あとをかたみのうらみだに波の打つにはいかがとどめむ」

「十九日、摂政かはらせ給ふとて」というのは、この年（寛元五年）の正月一九日に行われた一条実経から近衛兼経への摂政の交替を指しており、これは、前年の五月に関東で起きた宮騒動に伴ない、前将軍頼経が七月に実質的に京都に送り返された事件によって、裏で糸を引いていたと見なされた頼経の父道家に対する幕府サイドの政治的な圧力の結果によるものである。
　その日に少将内侍と弁内侍の間に交わされた歌は、すでにテキストの岩佐美代子氏によって付された

注で説明されているように、この九条流藤原氏の実経から近衛流の兼経への摂関の変更という政治的事件について触れたものである。それに続くこの部分に見える、「日記の御草子三帖」が「大内裏の頃」に中納言典侍[21]という女房に預けられていたのを、蔵人藤原光国を通して返すべきであると言ってきたが、悲しみに沈んでいる典侍の気持ちを察しながら、弁内侍が歌でその返却を促すという話題も、この更迭に関連するものとして理解すべき余地があるように思われる。

この「大内裏の頃」について、同じテキストの注では、「後嵯峨院が皇位におられた頃の意か」とあるが、ここでは実経が摂政であった期間中に大内裏に（一時的に）滞在していた頃、つまり前年の寛元四年、大嘗会のために大内裏内の太政官庁に後深草天皇が行幸されていた時期を指すものではないかと考えられる。同じ四年の三月一一日に行われた即位式も太政官庁での儀式だったが、「日記の御草子三帖」は、草子とあるので仮名の可能性が強く、恐らく天皇の直近の女房たちが幼い天皇（当時四歳）のお世話をしながら、摂政と共に儀式を進めていかなければならないために、彼女たちが知っておくべき次第として作成されたものではないだろうか。儀式に女房たちが関与する度合いを考えた場合、さらに「大内裏」という場の象徴性から考えると（弁内侍もこの大嘗会については多くの紙筆を費やしている）、大嘗会関係の記録もしくは次第とした方がよいのではないかと思う。

それではこの「日記の御草子三帖」を中納言典侍に返却するように言ってきた主体は誰であろうか。実は三人考えられる。つまり前摂政一条実経・新摂政近衛兼経、そして院政の主催者後嵯峨院である。この「日記の御草子三帖」の作成者は、前年の大嘗会に際し、摂政として天皇に代わって作法を行なった一条実経と思われ、そこには九条流に伝わる秘伝に触れる部分が記されていた可能性がある[22]。

作成者の実経の場合、中納言典侍から回収しようとすれば、二人の関係が特別な間柄と推測される以上、私的にコンタクトをとればよいわけであるから、この場合、わざわざ蔵人を介する必要はないように思われる（もし実経がわざわざ蔵人を通して返却を求めたというならば、そこに一つの男女の破局ということを読み取れるのかもしれないが）。

この「日記の御草子三帖」は、大嘗会がらみのものならば、かなり公的なものとして認識されていた可能性が強いので、特に大嘗会の天皇作法に関わる人々にとって注目されていたと思われる。当然、九条流摂関家の実経（場合によってはその父の道家）によって作成された次第は、新摂政の近衛兼経の興味を引くところとなり、蔵人を遣わして渡すように迫ったという可能性はある。後嵯峨院の場合、その即位の事情からも、父の土御門院から天皇の作法を受け継ぐことができなかったため、やはり関心があったはずであり、この光国が院との間に宗尊親王を生み、院御所においても権勢を保った宰相局[23]と母方の従兄弟の関係にある点に注目すると、光国は院の命を受けてその回収を試みたという可能性もあろう。

この時期の政治史を彩る、新たな天皇家を開始しなければならない後嵯峨院の思惑や分裂する摂関家間の抗争を知った上で、弁内侍の歌を読むと、「波の打つにはいかがとどめん」の部分には、より複雑な陰影を感じることも可能であろう。

2．朝覲行幸次第

弁内侍が、公事に関わらせながら日記を綴る時、当然そこには当時の政治が関わってくるわけであり、彼女はそれをオブラートに包んで、あからさまにそのようなことを示すのではなく、王朝文学の一齣を描くようにしながら、実はそういった政治の機微を表現しているように感じられる。関連して、時間は少しさかのぼるが次の史料を考えてみよう。

⑤「……参二持明院殿一、於二西廊一謁二女房督局一、先レ之左中弁為経朝臣祇候、**依レ仰朝観行幸儀仮名所二注進一也**、今日持参、進入了、春日社参籠事所レ申二身暇一也、……」（『民経記』寛喜四年二月一二日条）

これは寛喜四年（一二三二）に、記主藤原経光が持明院殿に住む北白河院陳子のもとを訪れた際の日記で、女院の命で作成した朝観行幸の儀式の記録を持参し、「督殿」[24]という女房に取り次いでもらったという内容である。この前月の一二日に後堀河天皇はその生母である北白河院の住む持明院殿に朝観行幸を行なっており、これはその際行われた儀式の記録なのであろう。現存の『民経記』は寛喜四年正月記を欠いていて、経光が朝観行幸の儀に参加したかは確認できないが、北白河院はその儀式の記録を自身が読めるように仮名で記すように求めている。この朝観行幸は安貞二年三月二十日に行われたものに続き北白河院にとっては二度目の儀であり、夫の後高倉院亡き後の皇統を支える彼女の存在を内外に権威づける儀式であった。男性貴族たちと同じように、次回の儀の参考に資するためでもあったと思われるが、やはり、その晴れがましい日の記録を思い出として残し、また後で女房たちと一緒に読み楽しむということも目的の一つとしてあったのかもしれない。

さて、『弁内侍日記』の建長二年（一二五〇）一〇月に見える次の記事は、そのような文脈で読むと興味深い。

⑥「十月十三日、鳥羽殿へ朝覲の行幸なり、宵の程は、時雨もやなど思ひ侍りしに、朝、ことに晴れていとめでたくぞ侍りし、鳥羽殿の御所の景気の面白さ、ことわりにも過ぎたり、色々の紅葉も、折を得たる心地す、龍頭鷁首浮べる池の汀の紅葉など、たとへむ方なし、髪上の内侍、勾当内侍・少将内侍なり、日暮し髪上げて、さまざま面白くめでたき事ども見出だして、老の後の物語はいくらも侍るべし、など言ひて、少将内侍、

語り出でん行末までの嬉しさは今日の行幸のけしきなりけり

これを聞きて、弁、

世々を経て語り伝へん言の葉や今日□□□□の紅葉なるらん

還御の後、めでたかりしその日の事ども申し出でて、染下襲、誰がしは何色、何色と、**少将萩の戸にて記し侍りしに**、太政大臣殿の裏表白き御下襲、ことにいみじく覚えて、弁内侍

白妙の鶴の毛衣何として染めぬを染むる色といふらん」

鳥羽殿に滞在している父後嵯峨院と母の大宮院（西園寺姞子）に対し、後深草天皇が朝覲行幸を行なわれた際の記事で、これは後深草天皇にとって最初の朝覲行幸であったこともあり、さらにスタートした後嵯峨院政の勢威を示すイベントとして大変な盛儀であったようで、当時摂政であった近衛兼経も詳細な日記を残している（『岡屋関白記』）。

この行幸の次第は、土御門顕定が作成したことになっているが（『岡屋関白記』建長二年一〇月一〇日条）、顕定の父定通は後嵯峨院の外戚（定通の姉妹が後嵯峨の祖母承明門院）であり、顕定も権大納言（三六歳）とまだ比較的若く、かつ摂関・大臣クラスでもないところからすると、後嵯峨院主導のもとに作成されたと考えてよいであろう。実は後嵯峨院は、この朝覲行幸に際して、当時八歳の後深草天皇に仮名の次第を与えていたことが次の史料から知られる。

⑦「今日自二法皇一給二朝覲行幸次第一、是建長二年、自二後嵯峨院一被レ進二後深草院一御次第云々、仮名也、後嵯峨院宸筆云々、但此次第者被二書写一本歟」（『花園天皇日記』正和二年一一月二九日条）

法皇（伏見院）は、この日花園天皇に「朝覲行幸次第」を与えているが、これは翌年正月二日に行われる常盤井殿（父伏見法皇、兄後伏見上皇）への朝覲行幸に対しての準備のためにその参考資料として与えられたものであり、さらに天皇は「朝覲行幸部類記十巻」を兄後伏見院より与えられ（『花園天皇日記』正和二年一二月一〇日条）、それを勉強しながら、関白近衛家平や前関白鷹司冬平、権大納言花山院師信らに次第を作成させ、本番に備えていたことが知られる（同前一二月一二日条、一二月一五・一六日条、一二月二八日〜三〇日条）。

この後嵯峨院の仮名の次第は、まだ幼い天皇のためのものであるとともに、その側近くに仕える女房たちのためのものであったと考えられよう。

再び史料⑥に目を転じてみれば、朝覲行幸が終わり、天皇とともに内裏に戻ってきた少将内侍はその日にあったことを思い出して、親しい弁内侍に語るとともに、その盛儀の有様を書き記していることが知られる。「髪上の内侍」として勾当内侍とともに行幸に参仕した少将内侍は、特に衣装の色に関心があったらしいが、後嵯峨院が後深草天皇に与えたという仮名の次第を目にした可能性があろうし、それをもとに儀式のあり様を日記に記していた可能性も高いと思う。

前述の後堀河天皇の中宮の父に当たる九条流摂関家の道家に仕える勧修寺流藤原氏（葉室流）の高嗣（後の定嗣）は、嘉禎三年（一二三七）の正月、道家の娘と近衛流摂関家の兼経との婚儀の奉行を担当し、その詳細な記録を道家に献上し、それがそのまま道家の日記（『玉蘂』）に収載せられている。家司クラスの貴族の日記が主家の日記を補完していて、「日記の家」が重層的に形成されていることを示す一つの事例であるが、その記録には「今夜簾中之儀委不レ知レ之、然而今朝依二殿下仰一、内々書二仮名次第一、進二女房一了、大概無二相違一之由、後日督典侍相語、仍記レ之」（『玉蘂』嘉禎三年正月一四日条）とあるように、主として婚家の設営を担当していた高嗣は殿下、即ち道家の命を受けて、殿舎内で行われる婚儀の次第も作成し、それを女房に進上したというのである。後日、近衛家の女房である「督典侍」から大体問題がなかったとの評価を得ているが、男性貴族の作成した次第に対して対等に評することができる女房が存在していたことをうかがわせる記事である。この少将内侍や弁内侍もこのような女房の一人であったと考えられる。

ただし、女性だからといって仮名の次第や日記しか読めなかったと考えるのは早計であろう。南北朝期ではあるが、洞院公賢の日記『園太暦』には、後光厳天皇の元服と践祚に際して二条良基によって作成された次第が、後伏見天皇の妃であり、後光厳天皇の祖母にあたる広義門院（西園寺寧子）に「御心得」のために献上されており、それは漢文で書かれているのである（観応三年八月一七日条）。

後嵯峨院も前述のように一旦父の代までの天皇家（後鳥羽を中心とする）と隔絶し、その崩壊した「家」を幕府と協調しながら復興し、いかに新たな「家」の基盤を作るかという点が大きな課題であった。特に公事の場におけるイニシアチブを取り戻すためにも、様々な日記に関心があったことは言うまでもない。『弁内侍日記』を読む際には、そのような空気を受けて活動する女房たちの矜持を感じ取りながら読む必要があるように思われる。

おわりに

この『弁内侍日記』が記す寛元四年（一二四六）から建長四年（一二五二）は、後深草天皇が践祚した後、その在位の前半部にあたっているが、天皇に仕えた内侍の日記であるので、当然天皇に焦点をあてて描かれているものの、その土台には開始したばかりの後嵯峨院政がある訳であり、そちらの歴史的な事情をも理解しなければならないと思われる。

この日記より三〇年程の後の時代、弘安三年（一二八〇）より正応五年（一二九二）にかけての伏見天皇の春宮時代からその即位以後、在位期間の前半を描いた『中務内侍日記』と比較すると、ここで取り扱った公事や日記に関わる記事を中心に見る限り、かなり様相が異なっているのに気づかされる。要は、そのような記事を多く記す『弁内侍日記』に対し、『中務内侍日記』はほとんど記さないのである。『弁内侍日記』には、他にも当時八歳の少年天皇後深草の前で、側近の女房たちをそれぞれ公卿に配して、公事である節会や臨時祭を演じて見せた記事などがあり、[25]これらの記事が、同じ内侍といっても弁内侍の方が公事や日記に関心があったとその個性に帰するべきなのか、それとも前述の後嵯峨院政の開始、新たな皇統のスタートという時代の空気を反映したものなのかはもう少し検討してみる必要があろう。

『中務内侍日記』の時代も、持明院統と大覚寺統という天皇家の分裂が開始されており、持明院統である伏見天皇の春宮時代は、大覚寺統の亀山院政下にあったたし、正応三年（一二九〇）には伏見天皇の内裏に浅原為頼という武士が乱入して天皇の殺害をはかるという事件が勃発し、亀山院の関与が噂され、両統の対立が表面化している。この事件については、『中務内侍日記』にも記されているが、「供奉の人〴〵、直衣なる姿にて珍しく、事〳〵しき常より面白くて」とその日の記事を結んで、あまり深刻な事件としては描いていないし、その事件の背景にも言及しないまで、日記は淡々と続いている。その記録期間中に起こった事件として言及したものの、中務内侍がこの日記の中で描こうとした主題とは異質なものであったと見るべきであろうか。同じ時期に、同じ内侍という立場の女房によって記された日記文学でもかなりその立つ位置に違いが見えるのは興味深い。

鎌倉期に入ると男性による仮名日記も多く記されるようになる。(26) それらは男性の貴族らによって前代から記された漢文日記の伝統から考えていくだけでなく、この時期に醸成された、それらを受容することを可能にした女房たち（女院も含め）の公事や日記への関心を前提として考える必要があろう。また、第一章で言及したように女性が「家」の日記からの排除されていく風潮と、第二章で述べたような女房としての活動とそれに伴う彼女たちの日記への関心をどのように整合的に理解していくかについてはここでは論じきれなかった。さらに冒頭で触れたように、中世後期、女性関係の記事が多くなるのにも関わらず、こうした女房たちが職務として日記に関わる記事は減少し、その一方、『御湯殿上日記』のように内裏の女房たちによって交替で記される日記がスタートすることについて、どのような歴史的な文脈で理解するかもこれからの課題であると思われる。

（1）『太后御記』には、『河海抄』などに収載された仮名の逸文と漢文で記された逸文（伏見宮本『御産部類記』）が残されており、どちらが原型か議論がある。石原昭平氏は仮名説をとられ、平安女流日記文学の源流をそこに見ようとされているが（「太后御記の原形―宮廷女性の日記、漢文体か仮名文かの問題―」『平安日記文学の研究』勉誠社、一九九七年、初出一九六五年）、漢文学華やかなりし九世紀に教育を受けた高貴な女性たちの中には、有智子内親王（八〇七～八四七、嵯峨天皇皇女）のように漢詩文に通じた女性たちも多かったであろうし、仮名が女性の文学的表現に用いられる以前の伝統を想定すると、漢文で記された可能性も否定できないと思う。

（2）『紫式部集』（三条西家旧蔵書陵部本）の詞書には、「**こよみにはつゆきふるとかきたる日**、めにちかき火のたけといふ山の、ゆきいとうふかう見やるれは」とあり、紫式部も暦に日記らしきものを記していたことをうかがわせる。

（3）日記に見える女房関係の記事の問題については、松薗斉「中世女房の基礎的研究―内侍を中心に―」（『愛知学院大学文学部紀要』三四、二〇〇五年）参照。

（4）松薗斉「続・戦国時代禁裏女房の基礎的研究―下級女房たちを中心に―」（『愛知学院大学人間文化研究所紀要・人間文化』三〇、二〇一五年）。内侍所や末と呼ばれる台所などに所属する下級女房については、中世前期においては、大きな行事の際に禄物などを分配するリストや何か問題を起こした際の記事などにしか記されることはない。

（5）平安以降、幼くして即位する天皇が多くなることはすでに周知のことであるが、そのような天皇に傅いて初等教育を担っていたのは恐らく女房たちであろう。男性貴族の日記に現れる天皇はすでにそれらの教育を終えた成人の天皇が多いので、そのような段階の状況はよくわからないが、鎌倉期になると、天皇の女房たちが、本来男性貴族が行なうべき儀式作法の習礼やその日記作成に関わっていることが知られる史料が現われる（松薗斉「中世の女房と日記」、『明月記研究』九、二〇〇四年）。それらを平安以来の女房たちの職務とみなすべきか、天皇家という「家」の中での教育活動と見なすべきかは難しいところであろう。

（6）松薗斉『日記の家―中世国家の記録組織―』吉川弘文館、一九九七年。

（7）『玉葉』嘉応二年二月一七日条、二月一八日条など。

（8）この辺りの事情については、松薗斉「治承三年のクーデターと貴族社会―花山院流と藤原基房―」（『愛知学院大学人間文化研究所紀要・人間文化』二三、二〇〇八年）で述べた。

(9) 忠親は、三四歳にしてやっと蔵人頭に至ったのに対し、同母でありながら兄忠雅は一八歳で達しており、その差は歴然である。三七歳の忠雅にはすでに廟堂に出身している男子があり（兼雅、一三歳）、この頃すでに右少将に進んでおり、やはり一八歳で蔵人頭から三位中将に、そして仁安二年（一一六七）、清盛の跡を襲って忠雅が内大臣に昇るとともに、翌年兼雅は参議を経ず、直に権中納言になった。その背景には後白河院との結びつき、さらには平清盛との結びつきを強めることによって（大納言筆頭で家格の上からもまず自分が就くべき内大臣のポストを清盛に譲ったことが、後白河院に功績として認められたと見るべきであろうか）、子の兼雅に一段上の、つまり忠雅の祖父家忠（摂関師実の子）がそうであったように、三位中将から権中納言へ直任という昇進ルートを確保したのである。一方、弟の忠親は、権門とは一定の距離を保ち（『尊卑分脈』等によれば、忠親は勧修寺流の藤原光房の婿となり、平時忠の婿にもなっている）、テクノクラート的なポジション、例えば、当時の左大臣経宗（大炊御門流）のような実務派の公卿を目指したようである。そのような彼が廟堂で有識公卿として一目置かれるには、父祖の日記が恐らく兄以上に必要であったと思われる。

(10) 戸田芳実『中右記―躍動する院政時代の群像』そしえて、一九七九年。

(11) 前掲注（6）第四章。

(12) 宗能（『台記』別記久安四年七月一一日条）、その子宗家（『玉葉』承安二年閏一二月二四日条、『山槐記』治承三年一〇月二五日条）以下、宗国（『猪隈関白記』正治二年一〇月一九日条）・宗平（『平戸記』仁治三年二月二日条）・宗継（『薩戒記』永享二年正月二一日条）など代々の直系の子孫に受け継がれていったことが推測される。

(13) 前掲注（6）第九章。

(14)『経俊卿記』文永六年正月一日条には「但鳥羽院御時供二御座一帖一、着二御椎鈍御衣一之由見二康治顕時卿記一」と鳥羽院の先例が引勘されている。

(15)『長方卿記』安元元年一二月一一日条、『吉記』安元二年五月二八日条。

(16)藤原宗頼（顕隆流光頼子）の養子となっている。

(17)国史大系『尊卑分脈』第二巻、一一四ページ。

(18)曽根研三『伯家記録考』西宮神社社務所、一九三三年。

(19)松薗斉「中世の女房と日記」『明月記研究』九、二〇〇四年。

(20)テキストは、『中世日記紀行集』（新編日本古典文学全集48、小学館、一九九四年）に拠った。

(21)中納言典侍は、『弁内侍日記』一二一段で「実家卿女」と注が付けられているが、公卿となった実家は二人いるものの（建久四年に薨じた徳大寺公能子と正和三年に薨じた一条実経子）、ともに年齢的に合わない。当時摂政一条実経は二五歳で、二人の間に親しい関係があったとすれば、近い年齢であったと考えられ、公能子の実家の場合、その晩年に生まれた娘としてもすでに五〇歳をかなり超えており、実経の息子の方はこの当時まだ生まれていない。中納言典侍は、『弁内侍日記』によれば、建長二年四月一四日に行われた賀茂祭の女使いを担当しており、『岡屋関白記』の同日条には「掌侍藤原実子（実清卿女）」とあって、これは女使を指していると考えられるので、「掌侍」は「典侍」の書き誤り、一方、『弁内侍日記』の「実家卿」は「実清卿」の書き誤りであろう。ちなみに父の実清は、『公卿補任』によれば、藤原（八条）公清の子（宝治二年条）、『尊卑分脈』では同流の実俊子で公清の孫にあたる人物で、「為二公経公子一」とされている。

(22)文永一〇年（一二七三）五月、関白となった九条忠家は、翌年後宇多天皇践祚とともに摂政に転じたが、半年もたたない六月に突然更迭され、一条家経に替えられた。この時、忠家が「大嘗会故実無二御存知一」という理由で幕府から圧力がかかり交替させられたという「閭巷説」があったという（『兼仲卿暦記』文永一一年六月二〇日条）。一条家に摂政が幼帝に代わって勤めるべき大嘗会の作法（特に重要な神膳事）が伝来していたことは、『公衡公記』弘安一一年三月二三日条に見えており、この点については、松薗「鎌倉時代の摂関家について—公事師範化の分析—」（『鎌倉遺文研究Ⅲ　鎌倉期社会と史料論』東京堂出版、二〇〇二年）で解説している。

(23) 宰相局（平棟子）は、平基棟の息女で、光国の母（やはり棟子と呼ばれた）は彼女にとって叔母にあたる。彼女は、後嵯峨天皇の在位中、兵衛内侍として活動し、その間に天皇の寵愛を受けて、宗尊親王を産んだ。『平戸記』には「今上寵愛遂日々新、仍被二転任一云々」とあり（寛元三年二月一八日条）とあり、その後も天皇の寵愛衰えず典侍に昇進した。後嵯峨譲位後も、寵愛を受けたようで、寛元四年一二月四日には三位に叙され、院の御幸に供奉する記事や院御所での申次を行なっている記事が散見し（『為経卿記』寛元四年三月一一日条他）、さらに建長四年、宗尊親王が将軍として鎌倉に迎えられたこともあり、建長六年（一二五四）九月以前に従二位に（『御産部類記（図書寮叢刊）』所引「公相公記」）、さらに正元元年（一二五九）一〇月以前に従一位、そして時期は確認できていないが文永三年以前に准后まで昇っている。異例の昇進であるが、これはやはり宗尊が鎌倉将軍に迎えられ、将軍生母として公武両方から遇されたことによるものであろう。

(24) 北白河院の御所持明院殿で女院に取り次いでもらった督局という女房は、『民経記』では寛喜三年正月九日条に「伝奏人」として初めて見える「大夫局」と同一人物考えられる。この条によれば「左馬権頭季繁朝臣猶子云々、女院殊令二召仕一給、為二伝奏人一」とあり、出自が低かったためか、平季繁の猶子という形で出仕している女性であった。この女性は、「件女房頗傾城也」とあるように（七月一九日条）、大変美しい女性で、若い経光（二〇歳）はどうも恋心を抱いていたらしく、「数刻所二祗候一也、相共世事所二閑談一也」が常の事であった。同年八月二二日条までは「大夫局」で見えるが、一一月一六日条において、持明院殿での取り次ぎ役として督殿という女房が現われ、大夫局はまったく見えなくなるが、この督殿に対して同じようにその美しさをほめそやしながら話し込んでいるところからすると、同一人物と見て差し支えないようである。女房たちは、引退した女房たちを新参の者で補充していくうちに、メンバーが入れ替わっていって、女房名がその地位と不釣り合いとなってくるので、改名が行われることとなる。この北白河院の御所でも、寛喜三年の九月から一〇月にかけて『民経記』では記さないが改名が行われ、大夫局も督局というより上の地位の女房名を与えられたものと考えられる。

(25) 注（19）の松薗論文で言及した。

(26) 同じく注（19）の松薗論文で言及した。

第三章　日記が語る近世史
——近世公家日記の記述から

石田　俊

近世は、民衆レベルにまで識字層が拡大した時代である。その結果、日記（日次記）の書き手もまた、飛躍的に増大した。

近世社会の大きな特徴として兵農分離を挙げることができる。これは、武士が城下町に集住し、在地に農民が集うあり方をいう。当然ながら都市と農村は離れているため、武士と農民の日常的な連絡は文書によって行われることとなる。農村の指導者層（村役人）には、年貢を計算して間違いなく上納し、領主からの法令をほかの百姓へ確実に伝える責任が課せられており、さらには村を代表して村の意思を領主に上申する必要もあった。そのためには、識字能力はもとより一定度の教養が不可欠となる。その村役人の不正を監視し、告発するためには小百姓たちも識字・計算能力を身につける必要があった。貨幣経済が浸透し、流通の結節点であった都市における識字能力の重要性はいうまでもない。近世社会は、民衆の識字能力を前提に成立していたといえよう。高まる教育需要を満たすため、全国的に手習塾（寺子屋）が普及し、人びとは身分や社会的立場に応じて本を読み、学問を深め、和歌や俳諧を嗜んだ。(1)このようにして読み書きの力を手にした老若男女は自身のため、あるいは家のために日記を書いた。これら日記は全国に数知れないほど残っており、近世社会の様相を今に生き生きと伝えてくれる。

新たな記主たちが華々しくデビューする一方、それまで日記の中心的書き手であった公家の影は薄くなる。しかし彼らもまた、近世を通じて日記を書くという営為をやめなかった。近世の公家日記については、今江広道がその特徴と研究上の問題点を簡潔にまとめている(2)。今江が強調するのは、その数量が膨大であることと、自筆原本が大量に存在することである。その理由として、応仁の乱をはじめとして幾多の戦乱を生き延びなければならなかった古代・中世の日記に比べ、近世の公家日記は残りが良いことを挙げる。また、戦国時代と比較すると、朝廷そのものが拡充されたことも理由の一つといえるだろう。平和な時代が到来した結果、公家たちには（決して裕福とはいえないものの）一定の経済基盤が与えられ、家の存続が保障された。その結果、近世には一〇〇をゆうに超える公家の家があり、日記を書く者も多かったと考えられる。公家日記がもっとも盛んに書かれ、またもっとも多く残る時代は近世なのである。

一方で今江は、量の多さに比べて刊本があまりにも少ないこと、そして日記そのものの研究が行われていないことを問題点とする。これは、近世朝廷が研究テーマとして関心を長く引かなかったことにくわえ、解読の助けとなる補任類と系図が整備されておらず、記主によっては字が難解（当然くずし字で書かれる）であることの結果という。

今江の指摘から二五年、刊本が少ないという状況はなかなか改善されないが、近世朝廷に関する研究はかなり深まり、補任類や系譜もだいぶ利用しやすくなってきた。日記そのものの検討も行われてきている。本稿ではこうした成果にも学びながら、近世公家日記、特に勧修寺家文庫（京都大学総合博物館蔵）に伝わる膨大な自筆日記を素材とし、近世公家の目を通じてその生き方や、ひいては近世社会についてみていくことを目的とする。

江戸時代の公家というと、一般的にはなかなかイメージの持ちにくい存在かと思われる。あるいは「実力もないのにプライドだけは高く、浮き世離れした鼻持ちならない連中」というマイナスの印象をお持ちの方もいるかもしれない。ドラマや映画などでは、大体そのような役柄であろう。しかし、彼らもまた近世人であり、近世社会と根深く結びついた人びとである。彼らの生きる社会はどのようなものであったろうか、そして彼らはその社会でなにを見て、どのように生きていったのであろうか。

一　近世の朝廷と勧修寺家

本論の前に、近世の朝廷および勧修寺家について、基礎的な事柄を必要な範囲で整理しておこう。なお、朝廷に仕える人びとを指して「公家」という場合、清涼殿にあがることを許される堂上公家と、それ以下の地下官人をあわせていうが、本稿では堂上公家を扱う関係上、「公家」という言葉で堂上公家を意味するものとしたい。

さて、近世朝廷の頂点にたつのは天皇である。天皇は禁裏御所において神事をはじめとする種々の朝儀（朝廷儀式）を執り行い、また後述する関白・武家伝奏などの助言をうけて朝廷運営（朝廷政治）を決裁した。生前譲位を通例とし、だいたい三〇代前半から半ばぐらいで位を譲り、院御所に移る。ただ、後継者の天皇が幼いうちは院政という形で朝廷運営を主導することも多かった。天皇は日常的には奥女中と行動を共にしており、彼女たちは天皇の最側近として朝廷運営にも影響力を有した[3]。

一方、表向きの朝廷運営の中心として位置づけられたのが、摂家・武家伝奏・議奏の職制機構である。摂家は近衛・九条・二条・一条・鷹司の五家あり、関白（摂政）を独占し、そのほか上位の官職も多くが彼らで占められた。摂家は近世の朝廷において特別な地位にあり、そのほかの公家を家礼に組織し、主従制にも近い関係を構築した。彼らは幕府でいう老中、藩でいう家老層に相当しよう。武家伝奏（以下、伝奏）は摂家以外から二名が選ばれ、関白と所司代（後述）の間にたって公武の交渉・連絡役をつとめた。院（上皇）がいる場合は、院伝奏も置かれる。一七世紀後半には、関白・伝奏のみでは近習（側近公家）や女中といった天皇の「御前」向きが把握しきれなくなったため、新たな職制として議奏が誕生した。こちらも摂家以外の公家から数名が選ばれ、輪番制をとって伝奏より内側から天皇を監督した。

幕府方の最高責任者は所司代（京都所司代）である。西国支配全体を担当する重職で、江戸の老中と緊密に連絡しつつ、伝奏を通じて朝廷関係の交渉を行った。その手足となったのが禁裏附武士で、旗本二名が就任し、朝廷財政の統括や門の警固を担った。

近世において公家の家は増加傾向にあり、寛延三年（一七五〇）段階では一三三家を数える[4]。摂家・清華家・大臣家・羽林家・名家・半家という家格があり、官位昇進のルートや極官（最終官職）もそれぞれの家格により大枠が定まっていた。また、家の成立時期でも区別があり、近世初期までに成立した家を旧家、近世以降に取り立てられた家を新家とする。

近世の公家には、家業に励むこと、そして禁裏小番をつとめることという義務があった。禁裏小番とは、何日かに一度、輪番で禁裏御所（院御所などの場合もある）へ伺公し、番所に詰めることをいう。番所は近世初期には外様番所・内々番所の二つがあり、のちに近習番が加わった。外様・内々の家も多くは定まっていたが、天皇との親疎により変更される場合もある。近習番は外様・内々の関係なくピックアップされ、天皇の側近集団を形成した。ただし、摂家は禁裏小番から免除されていたし、伝奏・議奏も小番からは外れていた。伝奏は原則として毎日出勤、議奏は独自の番を組んで交代で出勤した。

勧修寺家は、家格としては名家に属する。旧家で、内々番をつとめた。家業は儒学・有職故実とされる。家柄としては中級クラスといえるが、長く続く実務官僚の家で、戦国期には天皇の外戚となり、徳川将軍家とも深い関係を有した。近世においても多くの子女を禁裏女中とし、伝奏・議奏も輩出するなど朝廷運営においても活躍した。

勧修寺家が大量に集積した文書・記録は現在その大部分が京都大学総合博物館に所蔵されている。そのなかで、本稿では勧修寺経慶（一六四四〜一七〇九）の日次記『勧慶日記』を中心とし、その孫にあたる勧修寺高顕（一六九五〜一七三七）の『勧顕日記』、高顕の孫にあたる勧修寺経逸（一七四八〜一八〇五）の『経逸卿記』をあわせてとりあげたい。なお、経慶は晩年に経敬と改名し、高顕も幼年時には敬孝を名乗るが、本稿では統一する。経慶は後西天皇・霊元天皇・東山天皇の三代に仕え、延宝七年（一六七九）から元禄七年（一六九四）まで議奏を勤めた有能な実務官僚であった。反面、性格的な問題や酒癖の悪さから周囲と軋轢を起こすことも多く、「この人狂人なり」（『定基卿記』元禄一四年八月二八日条。宮内庁書陵部蔵）といわれることもあった。『勧慶日記』は別記などを除いた一括分だけで一二〇冊を数える。『勧顕日記』『経逸卿記』もそれぞれ数十冊から一〇〇冊を超えるような自筆日記が現存しており、朝廷内の記事はもちろん、武家との交際、勧修寺家内部の動向など興味深い記事を含む。いくつかのトピックを設け、その記述をみてみよう。

二　近世の天皇教育

『勧慶日記』元禄二年四月一六日条

参番、未刻召しにより参院、加勢に高辻大納言参られるなり、右大将・愛宕中納言同じく参院、しばらくして御前に参り、仰せに云う、主上御成長なり、御学問・歌道・有職など御手習御精を出さるべきの旨言上せしむべし、段々仰せの旨これあり、記すに遑なし、おのおの畏みて退去、直ぐに参内、先ず東二條へ申し、次に御前において院宣の趣言上申すなり

元禄二年（一六八九）四月一六日条の『勧慶日記』である。登場人物を説明しておこう。当時、経慶は議奏の職にあった。文中に登場する高辻大納言（高辻豊長）・右大将（今出川公規）・愛宕中納言（愛宕通福）も議奏である。この時の「主上」すなわち天皇は東山天皇（一六七五～一七〇九）で、貞享四年

（一六八七）父霊元天皇のあとをうけて受禅。この時点で数え一五歳の少年であり、父霊元院（三六歳）の院政が行われている。天皇としては、まだ半人前の段階といえる。霊元院の正妻は摂家鷹司家出身の房子（新上西門院）であったが、実際に天皇を産んだのは公家松木家出身の宗子（敬法門院）である。宗子の母親（つまり天皇祖母）は東二条局と称され、この時禁裏御所内に居住していた。

さて、議奏の当番日で参内していた経慶は、院御所の霊元院から召しをうけ、高辻豊長に代番をさせて参院した。ほかの議奏も参院しており、霊元院から天皇の教育について指令があった。禁裏御所に戻った経慶は、それを東二条局にまず伝え、次に天皇へ直接言上したという。

本史料には、霊元院が若い天皇に求めた教養が端的に記述されている。すなわち、学問・歌道・有職故実の三点セットであり、一人前の天皇として神事をはじめとする朝廷の儀式を執り行う上で、不可欠な素養とされたことがみてとれる。

近世の天皇が身につけるべき教養については、江戸幕府が定めた「禁中並公家中諸法度」第一条に「天子諸芸能のこと第一御学問なり（中略）和歌は光孝天皇よりいまだ絶えず、綺語たるといえども我が国の習俗なり、棄て置くべからずとうんぬん」と規定され、天皇の最も重要な仕事として学問の修得を求めている。この条文については、長らく天皇を非政治化し、文化的領域に封じ込めるものといわれてきたが、その後の研究では、むしろ天皇に「君主」としてふさわしい教養を求めたものとされている(5)。この点について、近世前期の後光明天皇や霊元天皇を中心に検討した松澤克行は、天皇が学問＝儒学を修めて「君主」（ただし、松澤は朝廷という小世界における「君主」であると限定する）として理想的な素養を身に付け振舞うことが公武双方から期待されており、和歌は天皇にとって重要な学芸であったものの、儒学より重要性は低かったと指摘した(6)。

それでは、具体的に近世の天皇はどのような教育をうけていたのであろうか。実はこの時期の『勧慶日記』には若い東山天皇の教育に関する記事が散見される。父霊元院は院御所におり、天皇と日常的に接することができない。そのため、天皇教育の監督や院への連絡役をつとめたのが、この時期だと男性でいえば議奏であり、女性で言えば祖母の東二条局であった（実際の教師は明経道を家業とした伏原宣幸がつとめている）。むろん、経慶が議奏の当番として参勤した日が中心であるので必ずしも全体像がつかめるわけではないが、いくつか興味深い記事を拾ってみよう。

『勧慶日記』元禄二年四月一一日条

右大将小番理りなり、よって所労を押して参番、御読書を十行遊ばさる、御旧読は恵王下白文三枚三反、御学文(問)所へ出御、大鏡を聞こし召さるなり、夜に入りて御百首の内桜題の御製を遊ばさる、昼東二條申され云う、去る七日仙洞御幸の刻御製を御覧遊ばさる、歌儀など御合点これなく体なり、御精を出し候ように然るべきの旨仰せ、御機嫌よろしからずのよしなり

さきほどの記事の五日前、当番日ではなかったが、経慶は右大将（今出川公規）のかわりに参番した。そして天皇の教育内容を記録し、さらに東二条局からの話として、天皇の和歌に対する霊元院（仙洞）

の叱責を記している。

ここからは、若い天皇の時間割を垣間見ることができる。旧読として「恵王下」（『孟子』であろう）の白文を読んだ後、場所を御学問所に移して『大鏡』（平安時代後期の歴史物語）を聞き、夜には和歌百首のうち桜の題の歌を詠むという順序である。なお、『勧慶日記』には旧読に対応する語として新読という表現も登場する。新読の対象となる作品が『古今集』（元禄二年一一月二〇日条）・『職原抄』（元禄四年八月二五日条）などであることからすると、旧読は中国古典、新読は（それと比較すると）新しい歌書や有職書ではないだろうか。『職原抄』は南北朝時代北畠親房著の有職書である。すなわち、旧読が学問（儒学）の教材であり、新読が歌道や有職故実の教材であると位置づけられよう。

一方、この日旧読の後に行われた『大鏡』の読書会については、やや位置づけが異なる。約二年前の貞享四年（一六八七）八月一六日条によると、物語草紙を近習が鬮取りして天皇に読み聞かせるようにという霊元院の命令により、『水鏡』と『治聞集』が選ばれている。『治聞集』というのは不詳だが、貞享元年に刊行された『昔物語治聞集』であろうか。『宇治拾遺物語』や『古今著聞集』の説話を抜萃したものという。(7) 以後、『宇治拾遺物語』や『大鏡』などが読み進められている。これも天皇教育の一環であったろうが、儒書や有職書に比べるととっつきやすいものといえ、天皇にとっては年の近い近習と絆を深める機会でもあったろう。

『**勧慶日記**』**元禄二年四月二六日条**

巳下刻参内、御幸加勢の番なり（中略）未上刻に御幸、召しにより七十二候間に参る、主上・上皇御座、予・高辻・千種中納言・愛宕などなり、仰なり（中略）また御学問諸事に御精を入られよろしゅうべし、ただ今御旧読を聞こし召され候ところ、御失念多く、御復廻遠き故と思し召さるよしなり、さては昨日四書相済むよし、明日より書経遊ばされ然るべきの旨仰せ

四月二六日、霊元院が禁裏に御幸し、天皇の学習状況をチェックした。さらに議奏を集め、今後のテキストを相談している。四月一一日の記述にもあるが、院の御幸は天皇にテストを課す機会となっていたようである。若い天皇にとっては、さぞ憂鬱な時間であったろう。天皇はテストになかなか合格できなかったようで、霊元院は「学問に精をいれるように。ただ今旧読を聞いたところ、ちゃんと記憶できていないところが多い。復廻が遠いからであろう」と叱っている。復習が足らないという意味であろうが、その結果、翌日からの『書経』に加え、終わったはずの四書の復習が課されている。次の記述は、同日条の後半部分である。

次に御旧読毎月の御定書見させらる、張り置かれよろしゅうべきのよし
大学・中庸　一日
論語序より泰伯に至る　一日

同じく子罕より憲問に至る　一日
同じく衛霊公より尭（ママ、尭日カ）而に至る　一日
孟子序より公孫丑下に至る　一日
同じく滕文公より離婁上に至る　一日
同じく離婁上より万章下に至る　一日
同じく告子上下二反　一日
同じく尽心上下二反　一日
すなわち高辻これを写し宸翰返上なり

宸翰とあるので、霊元院の自筆と考えられる。すなわち、院自らがスケジュール表を書き、議奏高辻が写してこれを張り出したという。このあたりはスケジュール表や標語を机の前に張りつけられる現代の受験生を連想させよう。こうしたスケジュール表については、東山天皇の叔父にあたる後光明天皇の学問日課表が勧修寺家文庫に残っている[8]。慶安二年（一六四九）、後光明天皇一七歳の時のものであり、こちらは後光明天皇自身の筆である。好学で知られる後光明天皇は本人の主体性が濃厚だが、東山天皇の場合は明らかに父親が前面にでている。

このように教育パパとして息子を熱心に指導した霊元院だが、彼自身若年時には学問嫌いで知られ、摂家一条兼輝や武家からたびたび苦言を呈される存在であった。ここでは自分を棚にあげる形になって

いるが、霊元院自身も次第に学問に励むようになり、元禄三年（一六九〇）には大々的に『孟子』の講釈を主催して一条兼輝から賞賛をうけるにいたる。霊元院は『孟子』を特に好んだようである。

ここまで『勧慶日記』を中心に東山天皇へほどこされた教育についてみてきた。父霊元院が中心となり、議奏や東二条局を監督者とし、学問（儒学）を中心に歌道・有職、そして歴史物語などを加えた教育プログラムが組まれていた。それらを身につけることが「禁中並公家中諸法度」に規定された望ましい天皇の姿であったことは事実であろう。

ただ、これが果たして公武双方の共通見解として定着していたかというと、まだ検討の余地が残っていよう。松澤も留意しているように、霊元院の父後水尾院や近衛基熙のごとく、朝廷のアイデンティティーとして和歌を重視するグループも存在した。五摂家筆頭格の近衛家当主で、この後ながく霊元院と対立することになる近衛基熙は、霊元院の儒学重視に批判的な目をむけている。基熙は、元禄三年の孟子講釈について「悪からざること」としながらも、儒学好きの将軍徳川綱吉の真似をしていると「諸人」が嘲弄している旨を自身の日記に書いている。基熙や彼に近いグループにとって、霊元院の儒学重視は天皇のあるべき姿を追究したものではなく、単に流行を追っているだけと映っていたのである。基熙の儒学に対する認識は次のようなものであった。

『基熙公記』（陽明文庫原蔵、東京大学史料編纂所架蔵写真帳）**延宝五年閏一二月一一日条**

当時右府と入魂の人々、儒道のよしを称して日比理を談ずるか、これにより仏教を廃し経を破る、

> つらつら日本の体を観るに、神仏並用のこと古今の通規となす、儒道においては天子以下士民など日用常行言わずして自然人々其の理あり、何更に此の道を偏学するや

右府とは右大臣のことで、先ほどの一条兼輝を指す。基煕も決して儒学を否定しているわけではないが、儒学に偏ると仏教を軽視することになると批判する。儒学については、あえて力を入れて学ばずとも自然とその道を会得しうるものだと考えていたのである。近世の天皇教育については、神道・仏教をどう学んだのかという問題も含めて、さらに検討を深める必要があろう。

三　武家と公家

『勧慶日記』延宝九年九月一四日条

> 寅下刻品川を立つ、辰上刻江戸に着す（中略）今度の旅宿追い廻り本誓寺の寺中法雲院なり、甚だ狭少難儀千万（中略）天井・畳替え肝煎の者に先立て新調申付くなり、然りといえどもなおまた指し掛かり番所小屋など俄に申し付く、これまた水野作州家頼（来）に申付く、大工を召し具し造るなり、但し彼方不馳走なり、人・道具は少々越され、その外一物も心付きなし、国守の在国留主にかこつけ用人無沙汰千万なり、常に狩衣を着し、入り来の輩に対面なり、五嶋資左衛門と云う者、作州の者なり、故婦召し仕う料理人、心安きゆえ昼夜傭い置くなり、事の外精を出す

延宝九年（一六八一）九月、経慶は徳川綱吉の将軍就任を祝うため、伏見宮貞致親王・大乗院門跡信雅や前大納言中院通茂らとともに江戸に下向した。近世の公家は御所ほど近くの公家町に集住し、基本的に京都からでることはなかった。遠所に出向く時には伝奏に届け出る必要があり、行動の自由はなかったのである。そのなかで、例外的な遠出が江戸下向である。伝奏に就任すると年賀の勅使として毎年江戸に下るほか、将軍家の慶弔などに際して、江戸や日光東照宮まで出向くことがあった。伝奏になる場合を除いて、多くの公家にとっては一生に数度の大旅行である。

さて、この史料は江戸到着当日のものである。狭い旅宿をあてがわれたことをぼやき、「水野作州」の家来のものに修繕をさせるも「無沙汰」であるといらだっている。そして同じく作州家来で、「故婦」が召し使っていた料理人を雇い、昼夜の食事を作らせている。

ここで登場する水野作州とは、備後福山藩主水野美作守勝種である。「故婦」とは勧修寺経慶の亡妻で、水野勝種の姉にあたる。つまり、在江戸中の経慶は親戚筋である備後福山藩の江戸詰家臣をつかい、日々の用をたしていたことが分かる。

武家と婚姻したのは、経慶のみではない。曽孫にあたる勧修寺顕道は豊後臼杵藩主稲葉恒通女と婚姻し、その養子（実は弟）の経逸は因幡鹿野藩主池田恒庸女と結婚した。また、経慶舎弟北山刑部（松平経高）は、讃岐高松藩松平家の家臣松平甚五衛門の養子となっている。閉鎖的な生活をしていた公家であるが、さまざまな形で武家とつながっており、江戸下向は同地在住の親族と交流する数少ない機会であった。

なお、この二日後の一六日条には高家吉良上野介義央（のちに赤穂浪士の討ち入りで有名となる）の言葉として「親族中に行き候こと、登城以後は従弟までは案内におよばず苦しからず、その外は兼ねて書き付け候て吉良・大沢へ尋ぬべき」とある。吉良は、経慶のほうから親族へ出向く際には、江戸城で綱吉に対面した後であれば従弟までは自由であること、それ以外は事前に高家の吉良・大沢基恒へ問い合わせるようにと伝えている。江戸においては、公家は基本的に高家の指示に従うこととされており、やはり行動の自由は制限されていたのである。ともあれ、ここでは経慶江戸滞在中の日記から近世公家と武家社会とのつながりを探ってみたい。

『勧慶日記』延宝九年九月二二日条

方々より使・送り物、またこの方より遣わす、別帳にあり、甲府殿より予妹小督逢いに越さる、土産として蕎切廿・舟箱肴持ち来たる、美作守の留守居どもへ遣わす、大沢より短尺（冊）二十四枚方々へ頼みたきよしなり、中院より扇地の色紙、大沢頼みのよしなり、吉良より色紙短尺詞書など予に頼まるるなり

九月二一日、経慶は無事綱吉との対面儀礼を済ませた。その翌日の史料である。「甲府殿」から妹の小督が逢いに来たこと、そして高家両人から短冊や扇面などの依頼が大量に来たことを記す。まず後半からいうと、武家が公家に求めるものの一端が示されているといえよう。公家は和歌をはじめとする宮

廷文化の担い手として位置づけられていたのであり、その下向は武家が宮廷文化に触れる機会であった。[9]前半の「甲府殿」は甲府藩主徳川綱豊（のちの六代将軍家宣）である。二年前の延宝七年（一六七九）、綱豊は近衛基熙女熙子（のちの天英院）と婚礼をあげた。小督は彼女に仕えるため江戸に下向しており、久々の兄妹対面であった。武家と公家の間には、このように子女の奥奉公を通じたつながりもあった。なかには、数奇な運命をたどる女性もいた。

『勧顕日記』元文元年七月二日条

今度異母妹安子のこと、愛宕三位通貫卿予母方従父兄弟と婚姻を成す、媒酌瀧永旬当なり、契約に任せ今夜内々黄金五十両の内まず三十両漢城清賢をもって持たせ遣わしおわんぬ、そもそも予妹安子は故中納言殿妾腹女子なり、母今広津と号し江戸右衛門督殿簾中伺候せしむなり、この安子幼少の時他所に参る、湯川義直取沙汰せしむ、予若年たるの時その子細を知らず、年来相尋ぬるのところその行方を知らず、然るところ去年六月対馬国より帰京、彼国において卑賤の勤を致すとうんぬん

経慶の孫にあたる勧修寺高顕の日次記である。高顕はこの時四二歳。異母妹安子の婚姻について述べている。父尹隆（故中納言殿）の妾として安子を産んだ母は、広津と称して江戸の「右衛門督殿簾中」に仕えているという。ここでいう右衛門督とは徳川吉宗息子で、御三卿の一家となる田安宗武。その室は近衛家久（基熙孫）女である。安子は幼いうちから両親と離れ、勧修寺家家司湯川義直の手により他

所に預けられたが、行方知らずとなった。その後、経緯は不明ながら対馬国にわたり「卑賤の勤」をしていたという。公家の妾から田安家奥女中となり、娘をおいて江戸にたつことになった広津の心中は想像するほかない。武家社会には公家社会出身の女中が多くいたが、実際にはこのような出自のものも少なくないと考えられる。

さて、経慶妹の小督についていえば、その後梅小路と改名して長く熙子に仕え、ついには自らを始祖とする新たな家をおこすことに成功している。すなわち宝永四年（一七〇七）、松平経高の男経武が梅小路養子となり、幕府旗本となったのである。これについて経慶は日記にほんの一行「梅小路より三日日付の文来たる、北山宮内召し出され書院番仰せ付けられ三百俵下さるのよし」（宝永四年八月一一日条）と記すのみである。経慶にとって、数十年会っていない妹がもはや遠い存在になってしまったことはやむをえない。しかし、梅小路にとっては三〇年の奉公の結晶ともいうべき恩賞であった。

『勧慶日記』延宝九年九月二三日条

辰上刻直垂を着し堀田筑前守亭へ行き向かう、兼約なり（中略）申され云う、酒井修理大夫物語にて委細承り候よし申さる、答えて云う、その通りたるべく候、故正統院殿とは申し通り候へども、只今まで延引に及び申し承らず候、また申され云う、禁中方諸事よろしき儀これあるにおいては内証にて申し越すべし、公方にも上方御作法方よろしきようにと思し召され候、よって皆どももまた左様に存じ候間、禁中よく候へども《ママ》公方御為になり候、公方よく候へは禁中御為になり候間、左様に御心得これあるべく候（中略）また申され云う、残る老中は上方に由緒どもこれあり候て内證聞かれ候へども、自分にはこれなき間不案内、さりながら假令由緒あるにても合手により不甘心、また尋ねがたきよし、よって申して云う、尤もに候、兎角聞き合われ校合の上にてならては決せられがたき旨申すところ、事の外許諾の気なり

延宝九年『勧慶日記』に戻ろう。小督の訪問を受けた翌日、経慶は堀田筑前守亭を訪れた。当時の幕閣の実力者、堀田正俊である。史料中にでてくる酒井修理大夫は酒井忠勝男で、若狭国小浜藩主酒井忠直。正統院は同じく酒井忠勝女で、堀田正盛に嫁いで正俊を産んだ。すなわち、堀田正俊の母親にあたる。この正統院と勧修寺家は「申し通」る関係であったが、堀田正俊とはこの時までつながりを有していなかったという。この会談は経慶から申し入れたものであり、経慶としてはこの機会に堀田と面識をつくっておきたかったものと考えられる。

堀田正俊にとっても渡りに舟であった。堀田はいう。「禁中において良いことがあったら、内々に申しよこしてください。綱吉様も京都の御作法がよろしいようにとお考えでいらっしゃいます。よって皆もそのように考えております。禁中がよければ綱吉様の御為になり、綱吉様がよければ禁中の御為になりますので、そのように心得て下さい。」と。綱吉政権の対天皇・朝廷観があらわれていて興味深い記述といえるが、堀田は経慶に朝廷についての情報提供を求めたのである。さらに堀田は、他の老中はみな京都に由緒があって内々に情報が入ってくるが、自分にはそれがないと述べている。既にこの段階で

は老中含め多くの大名が公家社会と何らかのつながりを有していた。

大名同士、あるいは大名と公家の家と家との交際は「通路」といわれる。[10] 近世前期における大名と公家との「通路」についてはいまだ不明な点も多いが、公家の江戸下向は「通路」成立の重要な契機であった。経慶は滞在最終日の九月二七日条で、今回の滞在で知り合いになった名前として堀田正俊・戸田忠真（当時の所司代戸田忠昌男）ほか男六人、女四人を挙げている。経慶は十数日の滞在の間に「通路」の開拓に励んだのであり、こうした努力が家の維持・発展には重要であったといえよう。

四　近世公家社会の女性たち

『経逸卿記』明和六年六月二六日条

巳刻ばかり妻死去おわんぬ、今朝まで言語を交え、今その形あるを見、言を交わさず、殊更に和学を重んじ、源氏物語を空じ、その外いささか漢学に志し、予毎事記録これを写さしめ予を介ける事数度に及ぶ、殊に心立て人に越し女道に叶う（中略）予後妻の事は妹幾姫当年十歳招き向かうべき旨申して云う、最初は後妻も向かうべからず旨申し述ぶといえども妹においては子細なく旨、他の女は無用たるべき旨申して云う、予此事を思う、無慮に違ず、必□憂いあり、かくのごときこと能く存じ、予行く末無難の儀のことこれを思ふの故か、殊に予男子妾□（腹カ）四才、今度妻出生の女無世の上は実子たるべしの旨この間より申して云うの間、旁他家の女呼び向かえ違乱に及ぶべきことなど彼是存ず

の旨、不便々々

いきなり長文の引用となってしまったが、明和六年（一七六九）六月二六日、当時の勧修寺家当主経逸の日記である。経逸はこの時二二歳。文中で話題の妻は公家飛鳥井雅重女であり、名は三千子という。この年女子を出産したが死産におわり、本人もこの日に没した。

この記事には若くして妻と死に別れた経逸の悲しみが率直に吐露されているが、同時に近世公家社会に生きた女性たちについて、いくつかの興味深い示唆を与えてくれる。

まず公家の妻について。亡くなった妻は「女道」に叶い、和学を重んじ、源氏物語をそらんじることができたという。公家の妻にこうした和学の教養が求められるのは理解できよう。注目されるのは、三千子が和学のみではなく漢学の知識も有しており、自ら経逸所蔵記録の筆写をすることがあった点である。たしかに現存する勧修寺家文庫には、勧修寺経逸妻の手による写本がいくつか存在する。たとえば、院政期に活躍した藤原為房の日記『大御記』康和二年七月・八月分の写本の奥書には「大御記、師卿公麗卿所持本を借り請け妻権大納言雅重卿女書写せしめおわんぬ、時に明和五年三月、侍従藤原経逸」とあり、経逸が有職故実の師として親しく交際していた公家滋野井公麗（師卿）所蔵本を底本とし、三千子の手によって写されたものと分かる。一方『後深草院御記』の写本も奥書により経逸妻の手によるものと確認できるが、書写年代は安永九年（一七八〇）である。三千子はすでに死んでいるから、この「妻」は三千子ではなく後妻の鹿野藩主池田仲庸女であろう。つまり三千子が特別なのではない。公家の妻の役割の一つとして記録の書写があったことはある程度一般化できるのではないだろうか。

先例と伝統に生きる公家、特に中世以来の「日記の家」[11]たる勧修寺家にとって、日記をはじめとする家蔵記録はもっとも重要な財産であったといえる。そのため、文字通り一家総出でその維持と充実につとめたのであり、妻もその例外ではなかった。生前の妻を偲ぶ経逸がことさらに書写への協力を挙げたのも、家への貢献として重要であったからであろう。

二つ目の点として、妾の存在について。この記事では妾腹の男子の存在が語られていて、三千子の「実子」扱いにすることが決定されていたという。さきほど、勧修寺尹隆妾が江戸に下向して武家社会の女中になっていたことを述べたが、公家社会の妾はどのような境遇であったろうか。この点をもう少しみてみよう。

『経逸卿記』明和六年一一月八日条

予古妾縫のこと、去る明和四年娘出生の後、假（暇、以下同）遣わすのところ、予所存ありて他所に置き折々面会候ところ、元来母公御命に違い責めらるる条、毎事御意賢（見）に違い候、然りといえども八十丸、かつ明和四年出生の娘去年死去、又去年出生の娘などこれあり上強て離れがたく、いまだ面会の事止まず（中略）今度家僕直和に命じ誠の假を遣わす、已後面会に及ばずの旨申し遣わす、書中においても通達のこと已後は無用候、但し嫁ぎ候はば面会出入りなどのこと苦しからずの旨申し遣わす、娘麟姫はまず預け置き候、追ての沙汰の旨申し遣わす、家督などもこれある者に候へは憐愍のため五人扶

持これを遣すものなり

数ヶ月後の『経逸卿記』である。勧修寺経逸の妾は名をぬい（縫）といい、八十丸と二人の娘を産んだが、二人目の娘の誕生後、暇を出された。他日の記事によると、明和四年に三千子と結婚したころ「是非なく」暇をだしたという（明和五年四月二〇日条）。経逸としては未練があったようだが、経逸母とぬいとの折合が悪かったため、「憐愍」として五人扶持を渡して「誠の暇」を出したという。妾はあくまで奉公人であって家の構成員とはみなされない。主人の心次第でいつでも暇がでる存在であった。

八十丸はその後、元服して良顕を名乗り勧修寺家を継いだ。朝廷の公的記録である『公卿補任』には、良顕母は飛鳥井雅重女（三千子）と記され、ぬいの存在はどこにもうかがうことができない。良顕は明和二年の生まれであり、経逸と三千子との結婚前であるから、妾腹であることは公然の事実であったろう。ただ、嫡出子による相続が優先された近世においては、跡継ぎは妻の子であることが望ましかった。この事情は武家も公家も変わらない。一方、娘の麟姫はぬいのもとに預けられたが、その後の消息は定かでない。

では、どのような出自の人が妾になるのであろうか。ぬいについて、その素性は知れない。ただ、同日条の後半部分には「去る八月二七日ある所において一夫に逢う、予甚だ望むところなり、其の後毎事会合を遂ぐといえども、本彼の者遊地の者なり、家内に置くといえども只世の中のこと浮雲のごとし」とあり、経逸が新たに「遊地」の女性と関係を持ったことが記される。遊女を妾とすることについては、次の記事からもうかがえる。

『高顕日記』享保一一年八月二六日条

三保子来たる、予ならびに内室対面、盃を勧め饌を賜う、内室より縮一段これを送らるるなり、そもそも三保子は光子の実母、建丸・磯子などの母なり、今春余婚儀により去冬義絶、暇を遣わすなり、藤原高喜養女として実は白拍子なり去る五日霊巌寺殿家従沢田主計と婚礼を遂げしむ、よって用途として黄金五十両これを遣わすところなり、十箇年来夙夜格勤のゆえ恩賜なり

勧修寺高顕の日記である。その妻は公家の万里小路尚房女であった。本記事で高顕は、三保子という妾と「義絶」したことを記す。三保子は子を三人産み、一〇年にわたって妾をつとめていたという。もともとは「白拍子」というから、遊女であったのだろう。そして、三宅高喜（藤原高喜、勧修寺家家司）の養女として霊巌寺家従沢田主計に嫁いだ。高顕はその結婚費用として五〇両を用意し、その礼として高顕宅にやってきた三保子には高顕のみならず妻も対面して贈物をしている。史料では「義絶」とあり、五〇両はいわゆる手切れ金とも考えられるが、翌享保一二年（一七二六）、高顕嫡子顕道の疱瘡（天然痘）平癒の祝儀物を送られたなかに三保子の名が見えており（享保一二年一二月四日条）、その後も交流は続いたようである。こちらは、少なくとも表面上は円満な別れを遂げた例である。

一方で妾であっても家の一員として格上げされることもあった。

『勧慶日記』元禄一三年一一月三〇日条

万里小路亜相入来、出逢う、清閑寺大納言息女吉田息へ婚礼の儀約諾、これにより亜相妾しな三条内府諸大夫飛騨守妹なり今度息女母方に成さしめ改名・用替よろしゅうべし、丈長老にも相談、尤ものよし、去年有栖川宮もその思し召し入りのところ、薨ぜらる間打ち捨つ間、予発言申すべき旨なり、成る程尤も候、さりながらかくのごときこと、もし云い出し妨げこれあり不調の時はいかがの間、宰相室に内証聞き撰ばさせ、その上に沙汰せしむべきの旨返答

『勧慶日記』だが、話題となっているのは公家の清閑寺熈定の妾しなである。しなは三条家諸大夫（公家家来の最上層）の森寺常勝（飛騨守）妹であり、妾とはいえそれなりの出自であった。熈定には兄弟姉妹が多く、弟として万里小路尚房（万里小路淳房養子）がおり、妹として勧修寺尹隆妻や野宮定基妻がいた。経慶にとって熈定は義理の甥にあたる。この日、万里小路淳房が勧修寺家を訪れ、熈定女が吉田兼章に嫁ぐにあたって、しなを母親分にし、改名と用替をすることを経慶から発言してくれるよう頼んだ。ほかの親族の了解も得ており、前年に没した有栖川宮幸仁親王もそのつもりであったという。経慶は了承した上で、問題が生じないよう尹隆妻（宰相室）にあらかじめ根回しさせることを伝えている。経慶野宮定基の日記によると、翌年しなは「右衛門」と改名し、嫡妻に準じる立場を得た（『定基卿記』元禄一四年八月一七日条）。

ここで有栖川宮の名前までででてくるのは、親王の母親である東三条局（前述の東二条局とは別人）が清

閑寺家出身であったことによろう。妾を格上げして家の一員にするのは清閑寺家のみで決められる問題ではなく、主立った親族の同意を得たうえで、しかるべき格の人から（予定では有栖川宮、没したので経慶）発案してもらう必要があった。

以上のように、妾やその子たちの境遇は、出自や主人との関係などによりさまざまであった。勧修寺家文庫には当主のみならず、家司の職務日記などもよく残っている。しかし妻・妾・娘・女中といった女性たちについては、その人間性を直接うかがわせるものは皆無に近く、男性当主がふともらす述懐などからその一端にせまるほかない。大量に現存する近世の公家日記であるが、「日記が語らない近世史」もまた広範に残ることは注意しなければならないであろう。

（1）辻本雅史「教育社会の成立」『岩波講座日本歴史一三　近世四』二〇一五年。
（2）今江広道「江戸時代の公家日記」『日本歴史「古記録」総覧』下巻近世編、新人物往来社、一九九〇年。
（3）石田俊「近世朝廷における意思決定の構造と展開」『日本史研究』六一八、二〇一四年。
（4）高埜利彦『近世の朝廷と宗教』吉川弘文館、二〇一四年。
（5）尾藤正英『江戸時代とはなにか』岩波書店、一九九二年。
（6）松澤克行「近世の天皇と学芸」国立歴史民俗博物館編『和歌と貴族の世界』塙書房、二〇〇七年。同「近世の天皇と芸能」『天皇の歴史一〇　天皇と芸能』講談社、二〇一一年。
（7）佐竹昭広『民話の思想』平凡社、一九七三年。
（8）松澤前掲「近世の天皇と芸能」。

（9）田中暁龍「公家の江戸参向」竹内誠編『近世都市江戸の構造』三省堂、一九九七年。

（10）松方冬子「「不通」と「通路」」『日本歴史』五五八、一九九四年。母利美和「近世大名と公家」『新しい歴史学のために』二六〇、二〇〇五年。千葉拓真「加賀藩前田家における公家との交際」『論集きんせい』三二、二〇一〇年など。千葉によると、加賀藩前田家においては「申通」という用語が「通路」と同義で使用されている。

（11）松薗斉『日記の家』吉川弘文館、一九九七年。

第四章　幕末の遣外使節日記

——淵辺徳蔵「欧行日記」、柴田剛中「仏英行」に見る日本人の開国

佐野真由子

はじめに

徳川政権下、日本人の海外渡航が禁じられてから二三〇年、万延元年（一八六〇）に初めて幕府の外交使節がアメリカ合衆国に派遣されたことは、あまりにもよく知られている。幕府はその二年前、駐日総領事タウンセンド・ハリス（Townsend Harris）をアメリカ側全権代表として、日米修好通商条約を締結した。遣米使節は、同条約の批准書交換を目的とするものであった。

その時点で日本国内には、長崎にオランダ（ヤン・ヘンドリック・ドンケル＝クルティウス　Jan Hendrik Donker Curtius）、江戸にはアメリカのほか、イギリス（ラザフォード・オールコック　Rutherford Alcock）、フランス（ギュスターヴ・デュシェヌ＝ド＝ベルクール　Gustave Duchesne de Bellecourt）、箱館にロシア（ヨシフ・ゴシケーヴィチ　Iosif Goshkevich）と、計五ヵ国の代表が駐在を開始していた。オランダの場合は、江戸時代を通じて交易が続けられ、民間の商館員が出島に閉じ込められる格好で駐留していたのが、安政二年（一八五五）をもって公的な代表に切り替わったものである。他の四ヵ国についてはまず、右の各

駐在官が派遣される法的な根拠となった条約を結ぶため、嘉永六年（一八五三）・七年のいわゆる黒船、アメリカのマシュー・カルブレイス・ペリー（Matthew Calbraith Perry）を皮切りに、各国から「開国要求使節」[1]が到来し、目的を達して帰っていった。そして、いよいよ駐在代表らが着任するのと相前後して、各国の商人たちも、開港場――安政六年（一八五九）の時点で五ヵ国に対し正式に開かれたのは、神奈川（横浜）、箱館、長崎の三港――にやってきた。いずれにせよ、日本にとってここまでの開国とは、西洋の人々が海を越えて日本にやってくることを意味した。[2]

万延元年（一八六〇）の遣米使節は何よりも、この状況を劇的に覆したと見ることができる。初めて、日本のほうから人間が外へ出て、相手国を訪ね、その地において用務を遂行したのである。これは偶然の結果ではない。日米修好通商条約の起草にあたった日本側の幕臣岩瀬忠震とアメリカ側のハリスが、日本人の外遊を実現させるという深謀遠慮をもって、批准書交換はワシントンで行う旨、条約自体（第一四条）に定めておいたこともまた、よく知られていよう。正使新見正興以下の使節団員七七名は、太平洋を渡ってパナマ海峡経由アメリカ東海岸に出、ワシントンでジェームズ・ブキャナン（James Buchanan）大統領を相手とする外交儀礼に臨んだ。[3]

これに続き、文久元年一二月（一八六二年一月）から翌年にかけて、ヨーロッパの条約締結諸国へ使節団が派遣された。このときまでには、先の各国に加えてプロイセン、ポルトガルが日本と外交関係を開始しており、竹内保徳率いる使節団はそれらすべての国々を回ったのである。これは主に駐日イギリス公使オールコックの手腕によって実現したもので、幕府がアメリカに対してすでに果たした直接訪問という礼譲をヨーロッパ諸国に対しても遂行するという目的のほかに、この時点までに日本にとって最大の外交懸案に発展していた、各国との修好通商条約に定めのある追加開港・開市の延期を交渉すること――「ロンドン覚書」として結実――、さらに、訪問先各国で先進技術や文化を視察・学習するという使命を帯びていた。(4)団員三六名（当初）という小ぶりの編成が選ばれたのはこうした活動において実をとるためであり、遣米使節と比較して、より実践的な役割を想定し、実際にそれを果たしたという意味で、日本の開国プロセスは一段と進んだと言うことができる。

以上の二件に続き、幕府がその終焉までに海外に派遣した使節団には、次の六件がある。(5)

(三)文久二年（一八六二）上海派遣使節団――国際貿易の開始に向けた調査のために派遣。長州から高杉晋作が参加したことでも知られる。

(四)元治元年（一八六四）遣仏使節団――攘夷運動が激化するなか、横浜の「鎖港」を申し入れるため池田長発らを派遣。目的を果たせずに帰国。

(五)慶応元年（一八六五）遣仏英使節団――横須賀製鉄所設立準備のため、柴田剛中らを派遣。

(六)慶応二年遣露使節団――領土確定交渉のため、小出秀実らを派遣。

(七)慶応三年遣米使節団――軍艦ストーンウォール号購入のため、小野友五郎らを派遣。

(八)慶応三年遣仏使節団――同年のパリ万国博覧会参加の機会に、現地の文明視察などを目的として、将軍慶喜の弟昭武一行を派遣。現地滞在中に幕府崩壊。

これらのうち、先に取り上げた二件のほか(四)、(八)が、相手国元首に対して徳川将軍の名代を派遣した

「外交」使節であったのに対し、㈢はいわゆる経済ミッションであり、さらに㈤～㈦はより実務的な役割を担っていたという性格の違いがある。ただし、「外交」使節でないものについても、幕府を代表し、公式の用務をもって相手国に赴いたことには変わりなく、一部の先行研究が述べるように、幕府の派遣になる正規の使節団であること自体を否定する必要はないだろう。(6) 他方、その点以外では、一連の使節団は従来、ほぼ十把一絡げに扱われてきた。筆者が重視するのはむしろ、㈤と㈥の間を分かつ線である。なぜか。

徳川幕府は慶応二年（一八六六）四月、日本人の海外渡航を解禁した。(7) つまりそれ以降、各藩からの視察や留学、また場合によっては個人の商用での渡航も、もはや「密航」ではなくなったのである。逆に、㈤までの時期において、有名な長州や薩摩からの密留学（それぞれ文久三年〈一八六三〉、慶応元年〈一八六五〉～）や、漂流などの要因による事実上の海外行はあったにせよ、幕府による海外派遣使節団は、他に誰も公に国外に出ることのできない制度のもと、唯一、堂々たる外遊を遂げたという意味で、稀有な位置を占めた。その一員となった人々の、人間としての、さらにその集団としての文化的経験がいかに強烈なものであったかについては、あらためての注目に値しよう。

その経験が満載されているのが、使節団員らの残した日記群である。比較的早くから覆刻出版も進み、それらを集めて収載した主要な刊本としては、日本史籍協会編になる『遣外使節日記纂輯』（全三巻、大塚武松編、東京大学出版会、一九二八―三〇年、村垣範正「遣米使日記」・野沢郁太「幕末遣欧使節航海日録」等、一一点）、同協会編『夷匪入港録一』（東京大学出版会、初版・一九三〇年、長崎奉行所勘定方等一行「上海行日記」のほか、書簡等多数）、日米修好通商百年記念行事運営会編『万延元年遣米使節史料集成』（全七巻、風間書房、一九六〇―六一年、森田清行「亜行日記」、日高為善「米行日誌」等、日記としては一四点）、沼田次郎・松沢弘陽校注『西洋見聞録』（岩波書店、一九七四年、玉虫左田太夫「航米実録」等、三点）などが主要な文献として知られている。が、遣米使節の下級の随員であった木村鉄多や加藤素毛の日記など、近年になって研究が進んだものもあり(8)、また、未だ蔵のなかに眠っている日記もあろう。

むろん、全員が日記を残したわけではない。むしろ、今日知られる日記は全メンバーのごく一部のものと言うべきである。また、統一的な様式に則ったものではなく、本質的には個人のノートであって、書きぶりはさまざまであり、自らの考えを述べたものもあれば、日付と行程のみをごく事務的に記載したものもある。いずれにしても、たとえば、万延元年に使節団の随行艦咸臨丸でアメリカ行き、文久元～二年には遣欧使節に加わった福沢諭吉の「西洋事情」のように、後日まとめて執筆したものではなく、旅の最中に日ごと、同時進行形で書きつけたものが、ここで言う「日記」である。とりわけ、そこに多少なりとも心の内を吐露した日記が、先鋭的な異文化体験の場に立たされた人間の思考のありさまを直截に反映した貴重な記録であることは、説明するまでもないであろう。

従来、これらの日記を活用してきたのは、主に日本と西洋の交流史、国際関係史を扱う学者たちであり、尾佐竹猛、松沢弘陽、宮永孝、または大塚武松、石井孝などのほか、個々の使節団を取り上げた先達には、名著『大君の使節』を生んだ芳賀徹や、君塚進などがいる。また近年では塚越俊志が遣外使節に注目した研究を手がけており、それ以外にも個別の論文は少なからず存在する。が、いずれも日記を取り上げるのは使節団の動きを追う手段、あるいは特定の論題を考察する素材としてであり、日記それ自体に着目したものではなかった。また、遣外使節の研究を全体として見た場合、時代が下るにつれ、ややもすれば、初期の記念すべき海外渡航者が残した珍しいエピソードの紹介という域にとどまり、文化史としての深みを増してこなかったことは否めない。

本稿は、既発見の日記をも、先行研究をも、網羅的に分析・紹介しようとするものではなく、遣外使節研究に何ら体系的な前進をもたらすものではないが、筆者自身もその都度の必要によって自身の外交史研究に活用してきたこれらの日記群を一つのジャンルと捉え、歴史上、他のいずれの時代にもない、日本人の文化的経験の急激な拡大を映し出す史料として読み直すことで、本書の趣旨にお応えすることを試みたいと思う。具体的には、以下、文久元〜二年の遣欧使節団に特異な形で加わることになった、淵辺徳蔵の「欧行日記」（既出『遣外使節日記纂輯　三』所収）、慶応元年（一八六五）の遣仏英使節の団長を務めた柴田剛中「仏英行」（既出『西洋見聞録』所収）の二本を順に取り上げ、そこにあらわれた経験の質と意味について考察する。

一　淵辺徳蔵「欧行日記」

淵辺徳蔵は、当初から遣欧使節団のメンバーに選ばれた人物ではない。使節団本隊が文久元年一二月（一八六二年一月）に出発したのち、日本国内では引き続き、幕府と駐日公使オールコックの間で、懸案

淵辺徳蔵　東京大学史料編纂所所蔵

の開港・開市延期問題についての交渉が続けられていた。オールコック自身はその約二ヵ月後、下賜休暇――日英間の往復が海路四ヵ月を要した時代、外交官の休暇の機会はなかなか訪れないかわりに、一度の休暇は一～二年の長期にわたった――という形で離日する。ロンドンで使節団に追いつき、彼らのイギリス政府との交渉をサポートする心づもりであったが、この間の日本での状況の変化を先発使節団によりよく伝えるため、オールコックは、自分だけが帰国するのではなく、幕府の然るべき人物を伴っていくことが望ましいと考えた。本稿で外交交渉の内容自体を詳述することはできないが、この判断は、オールコックが使節団の出発時と比較して、開港・開市延期を望む日本側の立場をより強く支援する気持ちを固めたゆえと理解してよい[9]。

オールコックが指名したのは、幕府の筆頭通訳、森山多吉郎である。周知のとおり、もともと長崎のオランダ通詞であった森山は、ペリー来航以来、幕府のすべての重要な外交交渉に立ち会ってきた。単に言葉ができるという理由だけではなく、森山の知識こそは、他の誰にも勝る力になると、オールコックは考えたのである。しかし逆に言えば、森山は当然ながら、その立場上、幕府のあらゆる外交機密を知り尽くしている。幕府がイギリス外交官の長旅にそのような人物を同行させることなどありうるだろうか。また、他の各国外交官らは日本に残っており、別の交渉課題も日々発生する以上、幕府は森山を常時必要とする。さらに、特殊な状況下とはいえ幕府を代表して追加情報を託すには、森山の身分は低い。具体的な人物の名を提案しながらも、オールコック自身、これが実現する可能性があるとは思っていなかったらしい。

ところが幕府は、この提案を飲んだのである。文久二年二月一七日[10]に森山自身がそれを告げにやってきたとき、オールコックは驚き、自分への幕府首脳部の信頼と、同時に今回の交渉を成功させたいという強い思いを受け止め、感動を禁じえなかったという[11]。さすがに森山一人を行かせるということにはならず、幕府からもう一人、同僚を付けることになった。ここで選ばれたのが、淵辺徳蔵である。人選の理由は知られていない。外国奉行支配のいわば中堅官僚であったと考えられるが、それまでにとくに目立った仕事をしてきたわけでもない。蘭学に通じており、渡航直前には品川の御殿山に用地が決定した外国公使館建設に携わっていた。ただし、森山とは異なり、外国語での会話はできなかったとされる[12]。

この淵辺が、日記を残してくれた。「欧行日記」は、次のように始まる[13]。

> 文久二壬戌年春二月、御殿山外国公使館経営を司りてありしに、十七日の夕刻営中より書来りて、急ニ英吉利国に遣さるゝことを命せられたり。出帆は明後日のよしなれハ一たひハ驚き一たひハ喜ひ、行李を取収て家に帰り旅装の用意を成しぬ。

まず、文字どおり急な決定であったことがわかる。現代でさえ、「明後日から海外出張」と指示されれば驚き、慣れた人でも相当な慌ただしさのなかでとるものもとりあえず荷物を整え、空港に走ることになろう。二三〇年の外遊の禁が、幕府の使節に関してのみ例外的に解かれたばかり、しかも、先発隊を見送り、自分にもこのような役回りが降ってこようとは思いも寄らなかったはずの人物への命である。その驚愕は想像を絶するものであったろう。――たしかに淵辺は、「一たひハ驚」いている。しかしどうだろう。驚くと同時に、「一たひハ喜」んだのである。そして、帰宅して速やかに荷づくりにとりかかった。

ここにすでに、淵辺徳蔵「欧行日記」の真骨頂が表れている。大いなる、楽天的なまでの度胸。これが、彼の旅とその日記を彩っていくことになる。続きを見よう。

次の日、営中に出て命を受しに、此度英国公使アールコック本国に立帰に付て、通弁森山多吉郎と両人同行すへしとなり。尤、僕従は召連るゝこと公使承引せされハ、実に独行なり。

森山のほうは少なくとも、自身の同行という幕府の決定を自らオールコックに伝えにいき、また役柄、もともとオールコックが幕府高官へそのことを要請した折にも同席していたであろう。淵辺はそれと違って、出張のことを告げられた翌日に幕府に出勤してみるまで、自身の急な出発の趣旨すらわかっていなかったということになる。

「実に独行なり」には、再度の驚きが含まれている。高位の役職でこそないものの、ひとかどの幕臣として当然、最低限の従者を伴うべきところ、それはできないという。むろん森山も同じである。オールコックのほうは休暇であって部下を率いていくわけではなく、彼はこのとき独身でもあったから、やはり一人である。つまり、これから出発しようとするのは、オールコックが淵辺と森山をつれ、本当に三人だけで、民間の客船や、場合によって軍艦を乗り継いでいく長旅なのであった。二ヵ月前、イギリス海軍が提供した専用船の内部を日本風に改装し、大量の日本食を積み込んで出発した遣欧使節団本隊とも、もちろん同様に専用船であった二年前の遣米使節団とも、随行の咸臨丸乗組員とも、まったく異なる経験が森山と淵辺を待っていることは疑う余地がない。それは、歴史上のこの時点において、間違いなく日本人として初めての経験であり、その経過を書き残した淵辺の日記を紹介する意味も、そこにある。

実際の横浜出港は「明後日」よりは少し延び、淵辺が出張を命じられてから六日目の文久二年二月二三日となった。まずは、長崎に向かうオランダ総領事に便乗させてもらう形で、オランダ軍艦での出発である。急な欧行を喜んだ淵辺の肝のすわった様子は、航海三日目、二月二五日の記録からすでに、夜には船中で「安眠」したとの記述が繰り返されることにも通じているように思われる。

めくるめく食体験

さて、出発の前日、森山とともに横浜に入っていた淵辺は、同地のオランダ領事館に挨拶に赴き、そこで昼食の馳走にあずかった。その旨に添えて、「是を初ニて、此行ハ帰るまで御国風の膳ハ一度もなく、都て蒸餅（筆者注・パンの意と考えてよかろう）、肉食なり」という。全体の筆致からは、日々の行動を追って記していったことが明らかな「欧行日記」のなかで、この一文は帰国後に振り返って挿入されたと考えられるが、ここに、「日本人として初めての経験」がまず最も鮮明な形で表れている。

日記を追うと、長崎を最後に日本を離れた三人は、何度も船を乗り換えながら、上海に次いで、香港、シンガポール、ペナン、セイロン、アデンと、当時のイギリス植民地に次々と寄港し、四月一九日にスエズ着。ここからは汽車でアレキサンドリアへ向かい、地中海に出ると、マルタを視察しつつフランス南岸のマルセイユに到達した。その先は汽車に乗ってリヨンへ。四月二七日にパリ入り。同地に数日滞在したのち、五月二日にドーヴァー海峡を渡り、ロンドンで先発使節団に合流した。その経路自体は先発組と異ならない。

その間の淵辺の日記で目を引くのが、たびたび登場する食事の感想である。残念ながらメニューを細かく記録しているわけではないが、この日記の重要な特徴であり、右の「是を初ニて此行ハ帰るまで御国風の膳ハ一度もなく……」を前提に、本稿ではとくにこれらの部分に着目してみたい。

まず、上海で乗り込んだイギリスの豪華客船で、「食味、皆膏美」（三月八日）という。香港ではオールコックとともに同地の総督宅に招かれたが、宏大な邸内を遊覧したのちのひとことは、「割烹も味美なり」（三月一六日）。ここには、「此地、鮮魚多く菓瓜亦佳なり。初て芭蕉の実を食す。味甘くして可愛」という具体的な記述が添えられている。続いてシンガポールでの食事については、「割烹、味ひ至て美也。鮮魚多し。菓実種々、味ひ佳なり」（三月二四日）と記している。

ペナン島では市街遊覧を楽しんだのち、イギリス人経営の店に入って食事を楽しんだ。「鮮魚数品種々ニ割烹して喫せしむ。味、甚美也」（三月二七日）。さらにここでは、「氷塊」に「サンパン酒（筆者注・もちろんシャンパンであろう）」を注いで味わった。「清冷舌を刺す。暑を忘る、か如く」と言い、氷は南米からの舶来品と聞いたことを付記している。セイロンでも、「鮮魚蔬菜、味皆美なり」（四月三日）。以上は、筆者が好意的感想のみを抜き出したわけではない。驚くべきことに、彼は各地での食事について、この逆の評価は一度もしていないのである。

いよいよアフリカ大陸に到達し、スエズに着しての昼食。「牛、羊、鶏、豚、魚、菓、蔬、皆味美なり」（四月一九日）。ここから汽車で砂漠を抜け同日中にカイロへ。到着後の晩餐については、「山海の珍味、皆備る」という。一方、ついにヨーロッパに入り、最初の街マルセイユでの昼食に関しては、「杯盤、机筵、皆美麗ならさる無し」（四月二六日）と、味ではなく食堂の設えのほうに注目している。

堂々たる旅人

ところで、淵辺も森山も、この旅程全体にわたり、使節団本隊の場合と違って、他の多くの船客たち――むろん外国人ばかり――と同船し、交流を楽しんだ。オールコックは翌年刊行した著書に、この旅を振り返って次のように記している。

……出発してからロンドンで彼らを日本使節に引き渡すまでの間、一瞬たりとも、彼らの世話をしたのを後悔するようなことはなかった。彼らは……その控えめな態度と穏やかな物腰によって、至るところで友人をつくった。森山は流暢なオランダ語を話し、乗り合わせた数人のオランダ人とすっかり打ち解けているようであったし、イギリス人とも十分に情報交換ができるほど、英語を解し、理解した。日本政府が今回、自らの官吏に、あるいはイギリス代表に、信頼を寄せたことを後悔する理由はまったくないだろうと私は思う。(14)

オールコックが、二人のサムライを伴っての、自分にとっても特異な旅の経験を楽しみつつ、二人をあたたかく、また誇らしく見守っていた様子が伝わってくる。ここには具体的に描写されていない淵辺はどうしていたかと言えば、自らの日記に「船中、扇に画を写し、同舟の旅客に送る」（三月二二日）と書いている。記述を追って察するに、もともと白扇を大量に持参し、特技を生かして周りの風景や人々を描いては相客たちを楽しませていたらしい。「……花鳥人物等、手に随て成を見て、衆、皆驚嘆す」（同右）、「西洋人男子は扇を持ことなし。故に、扇を与れハ必妻に送らんとて喜ひぬ」（三月三〇日）と、得意げな記述が散見される。これもまた、生涯で初めての、寝耳に水の洋行とも思われない、堂々たる態度と評すべきだろうが、とりわけ森山のように外国語で会話のできない淵辺にとって、扇と筆は貴重なコミュニケーション・ツールとなったに違いない。

一方、各寄港地で、彼らはつねにオールコックとべったり一緒に行動したわけではない。香港でのように、オールコックが彼らを伴って現地の高官を訪ねるようなケースもあったが、オールコックが各地で旧知の人物と会っている間に、日本人二人だけで出歩くこともあった。必ずしも明記されてはいないが、これまでに取り上げた食事の場面のなかにも、淵辺と森山、二人でテーブルに着いた場合があったかもしれない。なかでマルセイユ到着の晩については、オールコックが友人を訪ねると言って一人で出かけたことがはっきりと記されている。その晩、二人は「サンパン酒一瓶を傾けて、無事遠行を祝」したそうである（四月二六日）。なんともはや、垢抜けた海外旅行客の姿ではないか。

マルセイユからは汽車で北上。パリでの数日については意外にも食事の感想は登場しない。しかし、パリ西郊のヴェルサイユを訪れた一日、現地の小さな店に入ってとったという夕食については、「調味皆佳にして、巴里斯に不減」と記している（四月二九日）。もとより「欧羅巴中第一の繁花」（四月二七日）と承知していたパリの食事は美味で当然というところか。パリではまた、議事堂などを見物して歩いた一日の終わりに、オールコック、森山と三人でバーに立ち寄り、ワインとおつまみを楽しんだこともあった（五月一日）。

使節団本隊に合流

そして五月二日、ついにロンドンに到着した。使節団本隊との合流に感激すると同時に、ここで二人は、オールコックから無事に竹内団長に引き渡されたことになる。翌日は、同月一日に開場したばかりの万国博覧会を観覧。さらにその翌日には、おそらくは先着隊の配慮だろうか、森山と二人でロンドン市内を見物して歩いたらしい。ホテル――この際の遣欧使節の宿所は、ロンドン随一の格を誇るクラリッジズであった[15]――に戻ると、食卓には「種々の鮮魚」のほか珍しいものばかりが並んだが、なかで淵辺が特筆したのは「氷」で、「沙糖・牛乳等を加へ、種々の形に作りたる……味甘美にして清冷舌を刺す」という。アイスクリームであろう。

後日から振り返ればこの翌週に実現した「ロンドン覚書」の締結に向けて、森山は正使らを助け、忙しくなっていったはずだが、淵辺はとくに交渉事にかかわることもなかった様子で、引き続きかなり自由にロンドン見物を楽しんでいる。覚書成立当日の五月九日には同僚三、四人と「水晶宮」（筆者注・一八五一年に開催された初回ロンドン万国博覧会の会場として建設されたクリスタル・パレスを、ロンドン南郊のシデナムに移築したもので、市民の遊覧の場になっていた）に出かけ、現地の「酒楼・茶店」は「何れも……調味佳好」であったという。

しかし以降は、往路のほとんど個人旅行のような気ままさとはさすがに異なり、イギリスから、オランダ、プロイセン、ロシア、再びプロイセンとフランス、そしてポルトガルを最後に帰途につくまで、使節団員としての公式行事を通じた経験が重ねられていった。各所で正餐の席に着き、その豪勢さを書きとめた箇所もあるが、「旨い！　旨い！」という肉声が聞こえてきそうな前半の記述とは調子が変わっていく。九月三日、リスボンから一同で帰国船（フランス海軍提供）に乗り込んだのちは、一度船中で「同僚と蛮酒を酌て微酔し」たという以外には、飲食に関する記述はない。

さて、淵辺の日記から、食をめぐる素直な喜びを追ってきた。ここで、同じ日記に書きこまれた他の多くの興味深い経験をすべて紹介することは叶わないが、それらのなかでも、右に見てきた小さな場面の数々は、幕末日本人の大胆とも言える異文化接触の実例を知る、格好の素材である。旅の後半、淵辺が各地の見学を楽しまなかったわけではけっしてない。が、たとえば食に関していきいきとした記述が減っていくのは、次第に珍しいものに慣れてきたという側面を割り引いても、使節団本隊の公式の旅と比較して、ヨーロッパへ向かう往路での淵辺らの経験がいかに濃密な、特別なものであったかを、逆によく物語っていると言えるだろう。

むろん、公式旅程に参加した使節団員らの異文化体験も、それぞれに強烈だったことには違いないのであって、その日記群は一つ一つが読み直すに足るおもしろさに溢れている。しかし、オールコックとともにこうして彼らを追いかけていった日本人の旅とその旅日記は、ほとんど注目されることがなかった。淵辺という個性をいったん横においても、開国プロセスを歩む幕末の日本に、異文化へのこれほどまでに開かれた態度、または、異文化を受け入れ、率直に楽しむ能力が現にこうして存在したことを、この日記は端的に証していると言えるだろう。

二　柴田剛中「仏英行」

続いて取り上げる「仏英行」の著者、柴田剛中は、神奈川（横浜）開港の段階から幕府の外国関係業務に携わってきたいわばエキスパートで、淵辺が追加参加を果たした文久の遣欧使節団には、トップの三使に次ぐ組頭として加わっていた。帰国後、外国奉行並、その翌年に外国奉行に就任し、最幕末期には第一五代将軍慶喜が推進する兵庫開港の実現に尽力したことが知られている[16]。文字どおり徳川幕府のエリート外務官僚であり、政策実務における実質的な貢献の大きかった人物だが、黒船来航から「安政の五カ国条約」の時期に名を残す岩瀬忠震らの先輩、また、柴田と同時期に連携して事に当たった小栗忠順などに比べると、知名度は高くない。

彼がすでに外国奉行職にあった元治元年（一八六四）秋から翌慶応元年（一八六五）にかけ、幕府はフランスの協力によって横須賀製鉄所の設立に本格的に着手することを決定し、その交渉の詰めや、機械等の購入などのため、フランスに使節を派遣する要に迫られた。併せてイギリスも回ることになり、柴田がその役に抜擢された[17]。儀礼的なものではなく、実務目的を帯びた遣使であるから、使節団の規模は小さく抑えられ、柴田を筆頭に一〇名での出張となった[18]。この際の日記が「仏英行」である[19]。

すでに明らかなとおり、柴田のこのときの欧行は二回目であった。人生のうちに複数回にわたる海外出張を経験することは、このあと時代が下るにつれ徐々に珍しくなくなっていく。また、留学といった形でより長期にわたる海外滞在を経験する人も多くなっていく。しかし、慶応元年までのこの時期において、きわめて限定された遣外使節の任に繰り返し当たった人物は、当然ながら極端に限られている。

しかしそうしたなかで、このときの使節団は、柴田自身のみならず、彼の部下として加わった幕臣五名のうち二名――水品楽太郎および福地源一郎――が、同様に文久遣欧使節を経験しており、さらに一名、フランス語に堪能な塩田三郎は元治元年（一八六四）の遣仏鎖交談判使節に随行したことがあり、当時としては手練れの集団であった。なかでも、一定以上の地位にあり、使節団上層部としての立場を二度経験したのは柴田ただ一人ということになる。この事実に着目した場合、先の淵辺の場合とはまた違った意味で、柴田の二度目の欧行は、幕末日本人の異文化接触という観点において特別な「実験的」価値を担っていたと見ることができるだろう。本稿に彼の「仏英行」を取り上げるのは、そのような理由による。

再びのヨーロッパ

柴田ら一行の横浜出港は、慶応元年（一八六五）閏五月五日、朝九時のことであった。海上をすべり出した船中での感慨を、柴田は何と記したか。

昔年欧行揚帆の時に比すれば、情緒常の如く、御国地尋常の旅行と異ならず覚ゆ。其漸開国に至る、推知すべし。

「昔年欧行揚帆の時」とはむろん、三年半前の初回遣欧使節団出発のときである。柴田はその際と比べ、通常の国内出張と同じような平常心を保っている自分に気づいた。そもそも一人の人間のなかでこうした比較を可能にする、いわば国際経験の積み重ねが、慶応元年の日本に存在し始めていたという事実に、われわれは気づかされる。初めての海外旅行に比べて二度目以降は格段に落ち着いて出発できたという実感は、今日でこそ多くの人が理解できるだろう。そのことを自ら知り得た最初の一人がここにいる。

直接比較するなら、柴田が公私の関係を持つ大勢の人々に見送られ、同じ横浜港で団員らとともに前回遣欧使節団の公用船に乗り込んだ文久元年一二月二二日（一八六二年一月二一日）の日記に「……今、御国地を離るゝ夕なる事を思ふれば、満眸之好風景、都て心を傷ためざるはなし」[20]とある、まさに切々たる感慨を込めた一文が、よい対象になろうか。しかし、これらの記述を横に並べてみるよりも、二度目の出航時に柴田が自身の心境を以前と比べ、右のように感じたということにこそ、大きな意味があろう。

柴田剛中　東京大学史料編纂所所蔵

そして何より、彼が右に記した二文目――こうしてだんだんと「開国」に向かうのだなあという思い――に、すでにこの日記の神髄は集約されていると言ってもよい。当時、その瞬間の自身の心のありようを、これこそが開国への道筋なのだという意識につなげることは、誰にでもできることではなかったろう。諸外国との接触が拡大していく過程に政策現場でかかわり続けてきた、この人物ならではの思考と受け止めてよいのではないか。

旅程を思い切って早送りしてみよう。柴田は、再び東シナ海、インド洋、そしてスエズと西行し、地中海からマルセイユに上陸して、慶応元年（一八六五）七月一七日にパリ到着。当初、先の遣欧使節のときと同じオテル・デュ・ルーヴル（筆者注・セーヌ北岸、パレ・ロワイヤルとルーヴル宮殿に挟まれるようにして建つ高級ホテル）に入った。が、約一週間後、長期滞在を見越し、経費の節約のため借家に踏み切るのである。さすがに自分で思いついたのではなく、もともと横須賀製鉄所建設の件全般をフランス側から担当する予定で、今回の柴田らの出張に際しても、一行のフランス入国以来付き切りで面倒を見ていた海軍技師フランソワ・レオンス・ヴェルニー（François Léonce Verny）が勧めたらしい（七月二一日）。「至極適宜」（七月二三日）な家が見つかったのは、セーヌ北岸、シャンゼリゼから南西に延びるジャン・グジョン通五一番地で、これもまたパリの超一等地である。使用人の手配も済ませ、一同で実際に入居したのは七月二七日のことだが、その四日前、ヴェルニーの案内で家を見に行った柴田は当日の日記にこう記している。

多少の鄙事（俗事のこと――収載書校注より）を経歴し来れども、賃屋一見に行けるは新奇事といふべし。しかし余が身上栄達等を回顧し、欧州再渡等の事蹟に比すれば、大奇中の一小奇事ともなすに足らざるべし。

パリで家を借りるというまったく思いも寄らない事態を前に、その程度は「大奇中の一小奇事」ですらないという。ここには、「大奇」としての「欧州再渡」を果たした身を誇りに思う柴田の気持ちがよく表れているのはもちろんのこと、そうして「奇」なる経験を重ねることで一人の人間が成長し、度量を広げていく様が映し出されていると見ることができるだろう。

頑固者の国際化

ところで、柴田は初めから、いわゆる「開明派」だったのか。むろんキャリアの面ではずっと国際関係を司る部署に身を置いてきた。しかし、前回渡欧時、本人がロンドンから江戸の同役に宛ててしたためた文久二年（一八六二）四月一一日付の書簡には、船中や異国での生活になじめず、難儀する様子が記されている。米・味噌・醤油などを大量に積み込んだ使節団の専用船で出発した柴田だが、水が汚いため「茶飯の如き色」になってしまうお粥を「目を閉て啜り込」むなど、「遠海の船中、水火の苦、生涯忘れ難し」という苦悩に始まり、現地到着後も「食料の異りには何分困り申……一種も口に合候品無之」という。離日から三ヵ月以上を経ていたはずのこの時点では、さすがに一方で「勿論昨今は……洋肉も追々口に馴、蛮酒にても聊酔を帯候様相成申候」とは言うものの、明らかに拒絶反応が勝っている。[21]

先の淵辺との違いも際立とう。

また、二度にわたって柴田の欧行に随行した福地源一郎はのちの著書で、「其性質は保守の気象に富める……」という言葉で柴田を評している。「小心謹密の人にて敢て政治家と称すべき器量あるに非」ずとも言う。その内実として福地は、柴田自身が団長を務めたこの慶応元年（一八六五）使節団のときの話として、団員が草履に代えて革靴を用いるぐらいまでは許すが、衣服や冠り物を日本風から洋風に替えることはけっして認めなかった例を挙げ、部下たちが「柴田を目するに頑固を以てし、其西洋の文華を嫌へる事を罵つた」と証言している。ここに表現された柴田の気質は、実のところ「欧州再渡」に勇躍する心を日記に書き付けていた本人の筆致といかにも矛盾するようだが、右のような人物であるからこそ、横浜からの二度目の出港時、「其漸開国に至る、推知すべし」と自ら実感した彼の変化に、人間の文化的許容力といったものを見出さざるをえない。

ただし、福地源一郎は、この文章で最終的に柴田を批判しようとしたのではないらしい。洋風の服装を許さない柴田が、「我国威を損し彼が嘲笑を招くは実に国辱なり」と言っていたことを回想し、明治二七年（一八九四）の時点から、「今日にて回想すれば、柴田が守る所を守り……己れも守り随行員にも守らせたるは感服にてありき」と述べる。さらに、随行員らが外地で夜遊びを重ねるようなことのないよう、自ら劇場などの遊興につれていき、自身も公務のほかはけっして夜間一人で出かけることはせず、部下と「酒を飲み打興じて高談劇話し」、「其一身を以て随行員を抑留するの犠牲に供」するとともに、朝は最初に起きて公務をこなしていた姿を振り返り、結果として使節団の外地での評価を高からしめたのは「常人に出来ざる所」と讃えている。

福地は明治に入り、同三年（一八七〇）に伊藤博文らとともにアメリカへ出張、またさらに翌年からは岩倉使節団に加わって、生涯で通算四度の外遊を経験することになるのだが、うち、「真に愉快にして且つ見聞の益」が多かったのは、慶応元年の柴田との欧行と、明治三年の米国行きであったという。

いずれも少人数で、儀礼的というよりは実際的な用務を負っており、現地側の人々、事物とじかに接する機会の多かった旅が、心に残ったものであろう。同時に、柴田が右のような堅物でありながら、「属僚に対しては極めて信切《ママ》なる人にてありき」という福地の評価ともかかわっているのかもしれない[22]。

洒脱な外交官ぶり

瞠目に値するのは、この二回目の欧州滞在中、柴田の日記を通して目立つのが、「対食」の二文字だということである。「対食」とは、徳川幕府の接待記録などに登場する言葉で、要は客人と食事の席をともにするという意だが、あれほど食に苦しんだ人が、文字どおり三日と空けず、現地側のさまざまな人たちと一緒に食事をしているのである。

最も回数の多い相手は柴田の用務をサポートしたヴェルニーで、フランスに入り、マルセイユで迎えられた晩に「差支無之ば対食可致」（七月七日）と柴田のほうから誘ったのを皮切りに、打ち合わせを兼ねた夕食を頻繁にともにしている。もちろん部下たちを同席させることも多く、また、とくに記載がなくとも、柴田のフランス語通訳を務めていたはずの塩田三郎はつねに傍らにあったことだろう。そのほかにも、柴田の滞在中、初の駐仏日本総領事として任命手続きが開始された銀行家のポール・フリュリ＝エラール（Paul Fleury-Herard）や、イギリス滞在中にヴェルニーに代わる世話人を務めた陸軍工兵少佐F・ブライン（F. Brine）など、半ば身内と言える人たちと食卓を囲むことは、ほぼ日常化していた。当然ながら現地の料理を食したと考えるべきだろう。ただ、残念ながらメニューの内容は書き残されておらず、柴田が洋食好きに変貌したのかどうかも不明である。

より重要なのは、今回の製鉄所建設準備という用務のため、使節団として視察に訪れた先の人々や、それ以外にお世話になった人たち、とりわけ各地の名士を、次々と食事に招き、または招かれ、「対食」を重ねたという事実である。その初例はヴェルニーの助言を受けて計画したもので、上陸地のマルセイユからまだパリに向かう前、一足延ばしてトゥーロンを訪れ、製鉄所を見学した折のことであった。同地滞在三日目の夜、宿泊先のホテルに海軍技師等五名を招き（内、一名は都合が合わず辞退）、「対食」している（七月一一日）。ちなみにその席では「錦絵拾数頁を座興に出し」たというが、おそらくは春画であろうか。また、「団扇・扇・烟竿等」を土産に持たせたという。他方、マルセイユを発つ際には、同地の「奉行」（筆者注・市長または郡知事であろう）から午餐の招待を受けた（七月一六日）。

パリでも、その後一〇月二二日から滞在したロンドンでも、同様の「対食」を重ねていくのだが、ロンドンではついに、「此程中一見せし各所の首長・書記官其外」（一一月四日）を一堂に招いての晩餐会を計画するに至る。それが実行されたのは一一月一二日（一八六五年一二月二九日）のことで、この日の日記によれば、「夫々の謝」を示すために招いたのは三一名、内二七名が出席し、夜一一時頃までの盛会であったという。日本側の柴田以下の団員らも当然陪席したであろう。出席者の姓名を別に記録したとしているものが残っていないのはまことに惜しいが、日記からは、参会者のなかに、このすぐあとの時期、日本のイギリス公使館に書記官として着任し、帰国後の柴田とも関係するシドニー・ロコック（Sydney Locock）が含まれていたことがわかる。

このパーティーは、小さい記事ながら現地の新聞に取り上げられた。筆者が見つけ得たのは、西暦で一八六五年一二月三〇日付の *Reading Mercury* 紙と、一八六六年一月一日付の *Saunders's News-Letter* 紙の二紙であるが、記事の性質から、より多くに転載されていてもおかしくない。いずれも、"Commissioner of the Japanese Government"（日本政府の理事官）である "His Excellency Shibata Hiongano Cami"（柴田日向守閣下）がロンドン中心部のランガム・ホテルにおいて、陸海軍士官を中心とする壮々たる顔ぶれを招待し、大宴会を催したことを報じている。ランガムはその半年前、一八六五年六月一〇日にオープンしたばかりの、ロンドン最大の豪華ホテルで、当時、まさに注目のスポットでもあった。[23] 柴田はこの記事について、「欧人へ対し御国光を示す一端」であるのみならず、目下、薩摩藩密航留学生らがロンドン滞在中であることをすでに把握しているうえは、幕府にとって「御都合にも図らず相成候事と、竊《ひそか》に得意の心を抱けり」（一二月一四日）と、日記に記した。

ランガム・ホテル　ロンドン中心部　2016年3月筆者撮影

帰国前に再びパリに戻ってからも、これほどの規模ではないものの、招待客の組み合わせを考えて大人数を同時に招くといった晩餐を繰り返し開催している。むろん、ロンドンではブライン、パリではヴェルニーの助けあってのことではあるが、こうした計画を立て、そのホストとして振る舞うことに、柴田は習熟していったように見える。それらの場面を一つ一つ取り上げて紹介することは叶わないが、最後に、右の大パーティーの四日前、つまり西暦では一八六五年一二月二五日の、クリスマスの晩に触れておこう。この日が「耶蘇の大祭日」であり、夜にはホテルの従業員らによるダンスなどの催しがあること、「右に付、旅客等より纏頭《はな》を遣わす通習」があることを聞いた柴田は、従業員一同へシャンパン一ダースを振る舞ったというのである。まことにあっぱれな紳士ぶりと言うほかあるまい。

柴田が慶応二年（一八六六）二月に帰国したのち、その秋から具体的な計画が始まり、翌春実現した幕府の重要行事に、日本駐在外国代表（英・蘭・仏・米）の将軍拝謁式がある。上方に滞在中の第一五代将軍慶喜が、大坂城でこれらの外交官を迎接した。その事実に関しては周知の儀式と言えようが、西洋国際法の観点からも十分な様式を備えた外交儀礼が、この一〇年前から幕府で検討され、段階的な経験や諸国外交官との議論も踏まえて、当時ほぼ完成形に達していたことについては、ほとんど知られていない。その経過については別稿で詳しく論じたが[24]、この慶応三年春の将軍拝謁式は、そうしてすでに定まった様式で執行されると同時に、重大な新規事項を一点含んでいた。初めて、晩餐会の実施が検討の俎上に載せられ、鮮やかな手腕をもって実現されたのである。この晩餐について先行研究では、とくに根拠を検証しないまま駐日フランス公使レオン・ロッシュ（Léon Roches）の助言によるものとされることが多かったが、最近の筆者の調査では、これが幕府内部から出た提案であることが明らかとなった[25]。

その儀礼の準備を率いた一人である外国奉行柴田剛中の、直前の欧州での経験と、さらに本稿の範囲には含められなかった、第一回遣欧使節の際の各国元首への拝謁の経験を考え合わせれば、彼が晩餐の企画に深く携わったことは、ほぼ間違いないものと思われる。柴田の事績は従来、最幕末期に神戸開港の業務にあたったということで代表される場合がほとんどであったが、徳川幕府の評価を立て直し、その外交をいったんは軌道に乗せ直したと見ることができる、慶応三年の将軍拝謁式ならびに晩餐会を成功に導いた働きは、日本史上における近代外交の実践という観点からもっと注目されてよい。

遡って慶応元年閏五月五日、横浜港での「其漸開国に至る、推知すべし」という柴田の感慨は、まさに彼自身に新しい国際感覚を纏わせて、日本に送り返したようである。柴田日記「仏英行」は、その経過を伝える、一人の幕臣の開国物語である。

おわりに

本稿で取り上げた二つの日記は、他の幕末遣外使節日記を代表する「平均的な」ものであるかと言えば、むしろ逆であり、多くの使節団員らと比して特異な条件――淵辺徳蔵はオールコックにつれられての個人旅行を経験し、柴田剛中は二度目の欧行を経験した――によって、当時稀と言ってよい高い濃度で異文化に身を晒した人々の記録である。また、両者の間に必然的なつながりがあるわけではない。しかし、二人の条件は異なるにもかかわらず、それぞれの意味における強烈な体験によって、一人の人間が異文化に自身を開き、大胆に脱皮していく様子が表れているという点で、彼らの日記には共通点がある。これらが幕末遣外使節の日記群を平均的な形で代表しないまでも、いわばリーディング・ケースとして代表することによって、他の遣外使節日記についても広く関心を持っていただくきっかけになればと思う。

とはいえ、本稿での両日記の取り上げ方は、それらの全貌を見渡すことからは遠いものである。日記をつけた人物の足どりの全体をたどったり、参加した使節団の主要な用務の成果を把握したりすることは、目的としなかった。たとえば、横須賀製鉄所の形成過程を跡づけるために柴田剛中の「仏英行」を参照することは、当然ながらこの日記の重要な活用法の一つである。しかし、そうした史料としての日記の使用とは一線を画して、一つの作品として読み、日記を残した人々自身の、人間としてのバイタリティーや魅力をつかみ取ってみたいと考えた。

ここでそのバイタリティーや魅力の淵源となっているのは、いずれの日記の場合も、主人公の文化的適応力という種類の力である。異文化に接して人が変貌を遂げていく姿を好むか好まないかは、まさに幕末にもさまざまな考え方があったように、読者によって異なるところではあろう。が、一人の人間が異文化の前に立たされたとき、それぞれの形で内側からにじみ出る強さを発揮し、また自らの内にさらなる強さを還元していく様子それ自体には、時代を超えて多くの人に訴えるものがあるのではないだろうか。

そして当時、その強さ、力こそが、日本を開国に導いたのである。この言葉が、ここにおいて法律的、制度的な事柄を指しているのでないことは、述べるまでもないであろう。黒船来航と日米和親条約の締結という開国でもなければ、横浜での貿易開始という開国でもない。ある国に生きる人間たちが世界に心を開き、意識の境界を解き放って自らを世界のなかに置いてみることからのみ進行する、本質的な開国のことである。当時、開国をめぐる制度的業務の渦中にいた柴田が、その意味でこの言葉を使ったこと、しかも、ほかでもない自分自身の状態を通じてそのような認識を持ったことに、あらためて驚きを覚える。同時に、そうした自意識の有無を問わず、同様に心を開いていった人々――その一人が明らかに淵辺徳蔵である――が徐々に束となることで、日本の開国は成ったのだと理解される。

その束が急速に太く大きくなっていった要因をどこに求めるか、開国が完成に至ったのがいつであるかを考えることは、明治史研究の大きな課題の一つでもあろうが、そこへ向かう具体的で実質的な変化は「幕末」と呼ばれる時期にすでに始まっていた。それを知ることは、日本の近代を理解し直すためにも意味があろう。その時代を生き、真っ先にその身を世界に晒した日本人たちの記録を満載した一群の読み物が、「幕末の遣外使節日記」ということになる。

（1）この用語は岩下哲典による。岩下編『江戸時代　来日外国人人名辞典』（東京堂出版、二〇一一年）参照。ただし岩下は初の駐在使節となったタウンセンド・ハリスをもこの部類に含めており、筆者の考えとは異なる。

（2）この点は、われわれが通常、「開国」の語で呼ばず、一般に「鎖国下の国際交流」と位置づけられている朝鮮通信使の場合も同じである。

（3）この使節に関する参考文献は数多いが、近年の信頼できる成果としては、宮永孝『万延元年の遣米使節団』（講談社、二〇〇五年）を挙げておきたい。なお、このとき、使節団の随行艦として勝海舟らの乗り込んだ咸臨丸が渡航したことも周知のとおりである。

（4）同使節団に関する主要参考文献としては、芳賀徹『大君の使節』（中央公論社、一九六八年）。また、佐野真由子『オールコックの江戸――初代英国公使が見た幕末日本』（中央公論新社、二〇〇三年）一四六―二五一頁参照。

（5）使節団の数え方は先行研究により異なるが、ここでは塚越俊志作成「幕府派遣使節団一覧」（塚越「知られざる幕府一行――柴田遣仏英使節団」『歴史読本』五六―六、二〇一一年、一六六―一七一頁）に拠った。

（6）なお、これらのほかに、文久二年にオランダへ、慶応元年にロシアへ、慶応二年にイギリスへ、慶応三年にフランスへ派遣された幕府留学生らがいる。

（7）通信全覧編集委員会編『続通信全覧　編年之部　九』雄松堂出版、一九八四年、六三二―六三四頁。

（8）首藤正幸「熊本藩士木村鉄太／著『航米記』初めて地球を一周航海した熊本県人――万延元年遣米使節として」（総合文化誌「KUMAMOTO」七、二〇一四年、七七―八六頁）、中島清・日下部格「『亜行航海日記』――一八六〇年の遣米使節団に賄方として参加した加藤素毛の記録」（『岐阜県歴史資料館報』三二、二〇〇九年、七〇―一三五頁）など。

（9）佐野前掲注（4）二一〇―二一二頁参照。

（10）以下、本文中に日付を示す場合、日記との整合性を保つためすべて和暦を用いる。

（11）Alcock to Russell, 17 Mar. 1862, FO 46/21, The National Archives, UK.

（12）酒井直行・本多秀臣・聴涛真悠子編『世界を見た幕末維新の英雄たち』（別冊歴史読本六四号）新人物往来社、二〇〇七年、五七頁。

（13）以下、主要な対象としている日記からの引用については個別に書誌情報を付さず、必要に応じて本文中に日付を記す。また、史料からの引用において、旧漢字、変体仮名は常用の字体に改めるとともに、読者の便を図るため適宜句読点を挿入する。

(14) Alcock, Rutherford, *The Capital of the Tycoon: A Narrative of a Three Years' Residence in Japan*, Vol.II, London: Longman, Green, Longman, Roberts, & Green, 1863, p.401.（日本語訳は筆者の責による。）

(15) 佐野前掲注（4）二二〇―二二一頁参照。

(16) 菅良樹「神戸開港に臨んだ外国奉行柴田剛中―大坂町奉行・兵庫奉行兼帯期の動向」笠谷和比古編『徳川社会と日本の近代化』思文閣出版、二〇一五年、六八一―七〇四頁。

(17) 任命の経緯についてより詳しくは、君塚進「柴田剛中とその日載」本文中前掲、沼田・松沢編、五七四―五七七頁。

(18) 内、二名は使節団の「小使」、二名は柴田の従者として同行した者たちである（日記中、閏五月五日）。従者のうち一名はフランス滞在中に死亡した（同、八月二四日）。

(19) 柴田は人生の長い期間にわたって日記を残しており（神戸市文書館ならびに東京大学史料編纂所で複写が閲覧できる）、その内、このたびの出張にあたる部分に「仏英行」と題を付したのは柴田自身である。

(20) 柴田剛中「日載一」（神戸市文書館蔵「柴田剛中文書（複写）」史料No.90）。

(21) 本文中前掲、日本史籍協会編『夷匪入港録一』、二二三―二二四頁。

(22) 福地源一郎『懐往事談』（伝記叢書一一〇）大空社、一九九三年、一二八―一三四頁。

(23) *The Langham from London since 1865*, London: Langham Hospitality Group, 2014, pp.6-23.

(24) 佐野真由子「引き継がれた外交儀礼――朝鮮通信使から米国総領事へ」笠谷和比古編『一八世紀日本の文化状況と国際環境』思文閣出版、二〇一一年、五三五―五六四頁。同「持続可能な外交をめざして――幕末の外交儀礼をめぐる検討から」『日本研究』四八、二〇一三年、一〇一―一二七頁など。

(25) 佐野真由子「幕末最終章の外交儀礼」笠谷和比古編『徳川社会と日本の近代化』思文閣出版、二〇一五年、六四七―六七九頁。

第五章　日記が語る近代史

奈良岡聰智

はじめに

近代には、歴史研究の素材となる一次史料が、前近代に比べて圧倒的に多い。日記もその例外ではない。数多くの日記が翻刻・出版されている上に、未公刊のものも膨大に存在する。公文書、新聞、雑誌、書簡、書類、オーラル・ヒストリー記録といった史料に比べ、日記は、書き手自身しか知り得ない事実や真情が綴られ、史料としての重要性が著しく高いものが多い。日本近代史研究において、日記が果たす役割はきわめて大きい。

近代の日記については、文学史や教育史における研究蓄積がある（教育と日記の関わりについては、本書所収の井上論文を参照[1]）。これに対して、政治史研究において日記は主要史料として活用されてきたものの、日記全般に共通する特徴や史料的性格については、あまり検討されてこなかったように思われる[2]。しかし近年、伊藤隆・季武嘉也編『近現代日本人物情報史料辞典』全四巻（吉川弘文館、二〇〇四～一一年）、井上勲他編『日記に読む近代日本』全五巻（吉川弘文館、二〇一一～一二年）、御厨貴編著『近現代日本を史料で読む』（中公新書、二〇一一年）が刊行され、近代日本の政治家の日記を通覧することが容易になった。以下本稿では、これらの成果を活かしながら、近代日本においてどのような政治家の日記が残されているのか、残されていないのか、それらの日記にどのような特徴があるのかを考察していきたい。

まず、今日伝わっている主要な政治家の日記を、幕末から現代まで時系列的に辿り、その特色とともに紹介する。次いで、近年筆者が編集に携わってきた「平野貞夫日記」「岡部長景日記」「河井弥八日記」を紹介しながら、「日記を公開する」「獄中で日記を書く」「ひたすら日記を書く」という三つの行為について検討する。最後に、今後の近代史研究における日記の活用の仕方について考えてみたい。

幕末・明治期の日記(3)

幕末・明治維新期の政治家は、比較的よく日記を残している。書き手は、大名、皇族、公家、幕臣、倒幕派の志士など、様々である。大名では伊達宗城、皇族では久邇宮朝彦親王、公家では東久世通禧、幕臣では勝海舟や川路聖謨、志士では大久保利通や木戸孝允などの日記が、代表的なものとして挙げられるだろう。高杉晋作、坂本龍馬、中岡慎太郎、河井継之助といった知名度の高い人物たちも、ごく一時期ではあるものの、日記を残している。他方で、西郷隆盛、近藤勇、ジョン万次郎といった有名人の日記は残されていない。

政治史研究の上では、薩長の指導者で、明治新政府の中枢に居続けた大久保、木戸の日記が重要である。大久保の日記は、来客、訪問や面会の記録などを簡潔に記した「備忘録」的なものであるが、長期間にわたって書き綴られており、大量に残されている書簡（出簡、来簡）と併せ、貴重な史料となっている。木戸の日記は、幕末期のものがほとんど残されていないのが惜しまれるが、面会者との会話内容や自分の意見も丹念に記された、読みやすいものである。岩倉使節団の一員として欧米を視察した際の日記は、特に読み応えがある。[4]寡黙で威厳のある大久保と繊細な木戸は折り合いが悪く、しばしば政治的に対立したが、両者の個性の違いを日記から読み解くことも可能であろう。

幕府側では、川路聖謨の日記がよく知られている。彼は任地が変わるごとに異なる日記を付けた。このうち「長崎日記」「下田日記」は、日露通好条約の締結交渉の記録として貴重である。この両者は刊行され、容易に閲覧できるため、研究のみならず歴史小説の素材としてもしばしば活用されている。[5]「最後の将軍」徳川慶喜も日記をつけていたが、戊辰戦争のさなかに新政府軍から江戸開城を迫られた際、自らそれらを焼却したという。幕府内部の意思決定過程が明らかになることによって、新政府軍から追及を受け、幕閣や幕臣に累が及ぶことを恐れたためであろう。歴史研究者の立場からすれば、残念この上ない出来事であるが、体制変動期に旧体制側の人間が日記を処分するのはやむを得ないことでもある。

日記を書くのは、本人とは限らない。幕末の越前藩主・松平慶永の言動については、側近たちが日記形式の記録「昨夢紀事」「再夢紀事」「続再夢紀事」を残している。側近の一人である中根雪江も、自身の日記を残している。大物政治家が日記を書かなくても、側近の日記によってある人物の言動が記録されるという例は、以後の時代においてもしばしば見られる。個人ではなく、組織が日記を残すこともある。この時期の代表的なものとしては、長州藩の「奇兵隊日記」が挙げられる。

近代の大きな特色として、海外経験についての日記が残されるようになったことが挙げられる。福沢諭吉は常日頃日記を書く人ではなかったが、一八六二年に渡欧、一八六七年に渡米した時には日記を残した。一八六二年に幕府使節団に随行して上海を視察した高杉晋作も、同地に滞在した二ヶ月間日記を書き続けた。(6) これらの日記には、当時珍しかった外国生活に彼らが強い好奇心を向けていた様子が、活き活きと綴られている。この他、幕府の遣外使節団や欧米に留学した人々の日記も多数残されている（その一端は、本書所収の佐野論文を参照）。

他方で、幕末以降に海外から来日した外国人の日記も、多数存在する。アメリカの初代駐日総領事タウンゼント・ハリスの『日本滞在記』は、その代表である。イギリスの知日派外交官アーネスト・サトウは、のちに幕末の経験を回顧録として出版し、その邦訳『一外交官の見た明治維新』は重要史料として知られているが、(7) 実はこの回顧録は、サトウが付けていた日記に基づいて書かれたものであった。近年、この日記の英文原本を翻刻したものが刊行された。(8) 本日記には、明治天皇との謁見、伊藤博文との交遊など、日本側の史料では十分に分からない史実が多数記されており、今後の検討が待たれる。

明治中期以降、政府の指導者として活躍した伊藤博文、陸奥宗光、大隈重信、山県有朋、松方正義、井上馨、桂太郎らは、ほとんど日記を残していない。伊藤の日記は、岩倉使節団に随行中プロイセンで書かれた日記など、僅かなものしか残されていない。(9) 山県については、実は日記を残していたが、関東大震災と戦災によって失われてしまったという証言が存在する。元宮内庁職員の木下彪によれば、山県の秘書官を務めていた工藤壮平が「あんな恐しいものは焼けた方がいいですよ。燃えてしまってやれやれです」と話していたという。[10] もっとも、彼ら元老クラスの政治家たちは非常に筆まめで、多数の書簡を残しており、その多くは国立国会図書館憲政資料室などに所蔵されている。[11] 明治政治史研究においては、それらの書簡の重要性がより高まることになる。[12]

もちろん、史料的価値が高い日記がないわけではない。伊藤博文の側近・伊東巳代治は、「翠雨荘日記」と称する膨大な日記を付けていた。残念ながら戦災によって原本は失われてしまったが、明治・大正期の日記の写本が残されており、立憲政友会創立期の伊藤や第一次世界大戦期に設置された臨時外交調査会の動向などについて知ることができる。また、華族政治家・近衛篤麿、法制官僚・尾崎三良、自由民権運動家・植木枝盛、足尾鉱毒事件への抗議で知られる田中正造などの日記も残されている。外国人では、前述のサトウの駐日公使時代の日記、ドイツ人のお雇い外国人医師エルヴィン・ベルツの日記などが有用である。

この他、明治政府が発展を遂げる中で、各部局が組織として作成するようになった日記も重要な史料である。日本史籍協会・東京大学出版会が刊行した「明治初期各省日誌集成」には、『司法省日誌』『文部省日誌』『開拓使日誌』が収められている。[13] 陸軍省では、明治初年以来「陸軍省大日記」と総称される各種の日記が編集されており、現在明治元年から昭和一七年までの分が残されている。[14] その多くは、国立公文書館アジア歴史資料センターのホームページで閲覧可能である。[15] 帝国議会の衆議院事務局では、各課が日記を作成していたようで、衆議院憲政記念館には衆議院議長を支えた秘書課の業務日誌である

「秘書課日誌」が残されている（未公刊）[16]。また、衆議院事務局には、警備を担当した守衛による「警務課日誌」も残されており、この日記を活用した研究も発表されている[17]。

大正期〜戦後の日記[18]

大正期に入ると、日記を書く習慣が社会の各層に拡がり、各分野で中心的役割を果たした人々が日記を残すようになった。山口輝臣は、大正デモクラシーを推し進めた原敬（政党政治家）と吉野作造（政治学者）、大正教養主義の中心的人物であった阿部次郎（哲学者）、大正浪漫の体現者と見なされる竹久夢二（画家）らが日記を残していることに象徴されるように、大正期は「日記の時代」であったと評している。

このうち、立憲政友会の指導者として長年藩閥政治と戦い、初の本格的政党内閣を樹立した原敬の日記が、質量ともにきわめて充実したものであることは広く知られている。「原敬日記」は、近代日本を通して最もよく知られた日記であると言っても過言ではない。原は、若い頃には旅行中や海外赴任時など、特定の期間に日記をつけるのみであったが、一八九五年頃からほぼ毎日のように日記を記すようになり、その内容は、政友会への入党（一九〇〇年）、鎌倉腰越の別荘の購入（一九一五年）などを経て、次第に充実していった。原は、毎晩鉛筆でその日の出来事を手帳にメモし、それをもとにして週末に別荘で詳細な日記をまとめたようである。原の日記は、政友会関係者や元老と行った会話が忠実に記されているのが特徴的である。原は、会話を記録し、政敵と戦うための戦略を練るために、この日記をつけていたのだと考えられる。

原の日記からは、彼が藩閥政治を切り崩し、政党政治を実現するという長期的目標に向かって、倦まず弛まず努力を重ねていた様子が浮かび上がってくる。原が遺した膨大な量の書類、書簡などの史料も刊行されており、両者を活用した豊かな研究成果が、これまで数多く生み出されてきた[19]。もっとも、原の日記はあくまで彼個人の問題関心や政治的動機に基づいて書かれたものであり、それを意識的・無意識的になぞる「原敬史観」に陥ることがないよう留意する必要がある。

その意味で、原と異なる政治的立場にいた人々の日記が持つ意味も非常に大きい。残念ながら、憲政会を率いて原・政友会に対抗した加藤高明や若槻礼次郎の日記は残されていないが、大正期には、第一次世界大戦期に首相を務めた寺内正毅、山県有朋や西園寺公望の情報係を務めた松本剛吉、宮内大臣・内大臣を歴任した牧野伸顕、台湾総督や枢密顧問官を歴任した田健治郎、実業家で茶人としても有名であった高橋義雄（箒庵）など、原敬以外の充実した日記も多数残されている。伊集院彦吉（駐伊大使）、竹下勇（パリ講和会議随員）など、海外経験が豊富な人物の日記も貴重である。

昭和戦前期は、政党内閣の全盛期から戦争の時代へと突入した激動期であった。この間太平洋戦争勃発の直前まで国家の舵取りをしたのは、「最後の元老」西園寺公望であったが、彼の日記は残されていない。情報係を務めていた原田熊雄によれば、西園寺は毎晩毛筆で日記を付けており、それは「実に大部のものであったが、亡くなられる少し前に全部焼き捨てられた」のだという[20]。しかし、前述の松本剛吉や原田が残した日記により、西園寺の動向はある程度まで史料的に検証することが可能である。このうち原田が残した口述記録『西園寺公と政局』（俗に『原田日記』とも称される）は、厳密には日記とは言えないものの、昭和初期の政治を元老・宮中の動向を軸に時系列的に追っており、権力中枢の動きを記録したものとしてきわめて重要である。

昭和期は、電話の発達によるためか政治家が書簡を残さなくなり[21]、明治・大正期に比べて、政治史研究の素材として書簡の重要性が低下する。しかし、日記に関してはむしろ充実している感があり、一つの政治的事件を複数の当事者の日記で検証できる場合も多い。例えば、一九三〇年のロンドン海軍軍縮条約締結に関しては、浜口雄幸首相、加藤寛治海軍軍令部長、岡田啓介軍事参議官、宇垣一成陸相、内田康哉枢密顧問官や後述する天皇側近の日記が刊行されている他[22]、全権を務めた財部彪海相、倉富勇三郎枢密院議長の未公刊の日記なども残されており、条約をめぐる様々な政治的動きを立体的に再構成することが可能である。東條英機のように、秘書官の詳しい日記が残されているケースもある。

二〇一四年に公表された『昭和天皇実録』によって、昭和天皇が学習院初等科時代の一九一一年四月に日記執筆を開始していた事実が明らかとなった。その後同書の中には、一九二〇年まで日記が記されていたことを窺わせる記事が散見されるが[23]、残念ながら、昭和天皇が成年期に日記を付けていたかどうかは確認できない。もっとも、即位後の昭和天皇の動向は、様々な日記によって追跡可能である。戦前期については、前述の牧野以外にも、河井弥八（侍従次長）、岡部長景（内大臣秘書官長）、奈良武次（侍従武官長）、本庄繁（侍従武官長）、木戸幸一（内大臣）、戦後期については、徳川義寛（侍従）、木下道雄（侍従次長）、入江相政（侍従長）、卜部亮吾（侍従）といった側近たちの充実した日記が出版されている。

皇族では、東久邇宮稔彦王、高松宮宣仁親王の日記が刊行されている。

宮中周辺の動向については、太平洋戦争開戦前夜のアメリカの駐日大使ジョセフ・グルーの回顧録『滞日十年』にも詳しく記されている。[24] この回顧録は、幕末のサトウの回顧録と同様、日記を基にして書かれたものである。近年は、回顧録のみならず日記原本や関係資料を駆使した精緻な研究が生み出されている。[25]

一九四五年の終戦は、日本の政治・社会を大きく変えた未曾有の出来事であり、実に多くの人物が日記に記録を残している。ここまで紹介してきた中でも、木戸幸一、高松宮宣仁親王、徳川義寛の日記が刊行されている他、皇族の梨本宮伊都子女王、近衛文麿首相の秘書官を務め終戦工作に関与した細川護貞、戦前・戦後に大臣を歴任した小林一三、日米開戦時の連合艦隊参謀長で終戦時に特攻死した宇垣纏などの日記が存在する。評論家の徳富蘇峰や清沢洌、俳優の徳川夢声、作家の大佛次郎や内田百閒など、政治家以外の日記も多数残されており、「終戦日記」とも言うべき一大ジャンルが形成されている。

戦後史に関しては、首相の日記が相当数残されているのが特徴的である。吉田茂は、外交官時代は不測の事態に備えて日記は敢えて残さなかったと述べており、[26] 戦後に政治家に転じてからも日記を残さなかったが、芦田均、石橋湛山、鳩山一郎、佐藤栄作といった首相の日記が刊行されている。佐藤については、秘書の楠田實も日記を残している。この他、中曽根康弘の首相時代の日記が一部、[27] 細川護熙の首相時代の日記が全て刊行されている。[28] これらはいずれも貴重な史料であるが、戦後政治についてはこれ以外の史料（公文書、書簡などの私文書）が充実しているとは言い難いため、いまだに研究に大きな困難が伴う。そのため、近年はそれを乗り越えるために、政治家や官僚に対するオーラル・ヒストリーが盛んに行われている。[29]

日記を公開する

以下では視点を変えて、近代の日記に特徴的と思われるいくつかの行為について検討していきたい。第一に、「日記を公開する」という行為について見ていく。

日記を書く目的は人によって様々であるが、敢えてそれを自分の死後まで残す時には、他見を容認、予期あるいは期待していることが多いと考えられる。特に政治家の日記の場合、自己弁明や自己顕示に動機づけられ、後世からの評価を強く意識して書かれているのがむしろ普通であろう。この傾向は、前近代に比べて、印刷技術やメディアが発達した近現代においてより顕著であると思われる。

勝海舟は、海軍奉行に就任してから死の直前に至るまで、約四〇年間日記を書き綴った。[30] 海舟は記録魔であったが、彼の日記を単なる備忘録と見ることはできない。近年の研究によれば、「海舟日記」には意図的な誇張や創作が数多く見られ、複数の抄本・異本が存在する。人生で最も多難であった大政奉還から江戸開城に至る時期には、通常の日記とは別に敢えてもう一冊の日記が作成され、詳細な情報が加筆されているという。また、「海舟日記」はこれまで四回活字本として刊行されているが、最初に刊行された一九〇七年の『海舟日誌』は、海舟が生前に指示して、日記原本から摘出抄録させたものだと推定されている。[31] 海舟が、日記を通して自分の事績を後世に伝えようとしていたことは明らかである。

原敬が膨大な日記を残したことは前述したが、これも自らの信念や政治的軌跡を後世に伝えるという意図に基づいていたのは間違いない[32]。原は、生前に残していた遺書に、「余の日記は数十年後は兎に角なれども、当分世間に出すべからず、余の遺物中此日記は最も大切なるものとして永く保存すべし」と記している。妻浅と嗣子貢（ペンネームは奎一郎）はこの遺命を守り、原の死後すぐに日記を故郷盛岡に送って厳重に保管したため、「原敬日記」は震災や戦災を免れた。貢は、終戦によって日記の公開が可能になったと判断し、一九五〇～五一年に『原敬日記』全一〇巻を、一九六五～六七年にそれを補訂した新版全六巻を刊行した。日記が後世に伝わるためには、遺族の役割も大きいことが分かる。

政治家自身が積極的に日記公開の準備を行ったケースもある。その一例が、『松本剛吉政治日誌』である[33]。現存する同日記は、和装された九冊から成り立つが、松本自身が補註や小見出しを追加するなど、草稿を再構成した上で、書生に清書させたものである。「松本剛吉関係文書」（国立国会図書館憲政資料室所蔵）には草稿と和装版が収められているため、我々はこの編集過程を知ることができる。興味深いことに、同日記の草稿や写本は、松本の死去（一九二九年）後まもなく政界関係者に回覧され、かなり読まれていたようである。筆者が確認したところでは、松本が親しく接触していた政友会総裁の田中義一の個人文書[34]、東京朝日新聞記者の杉村廣太郎（楚人冠）の個人文書[35]の中に、同日記の写本が残されている。また、一九三四年には松本の談話に基づいて、加藤安宏『明治・大正・昭和政界秘史』（隆章閣）という本が出版されている。同書には明らかに松本の日記に基づいて書かれたと思われる記述が数多く含まれている。同日記は、一九五六～五七年に雑誌『政界往来』でジャーナリストの野村秀雄によって紹介された後、一九五九年に刊行された。最終的に出版されるに至った背景には、このように本人や関係者による積極的意思が働いていたのである。

これらとは意味合いが異なるが、本人の意思によって広く読まれるようになった日記が、前述した『西園寺公と政局』と『木戸幸一日記』である。(36) これらの記録は、極東国際軍事裁判（東京裁判）に証拠物件として提出されたことでよく知られている。故原田熊雄の関係者や木戸本人がこの日記を提出した理由は、開戦を主導した軍部を批判するとともに、戦前・戦中の昭和天皇、元老や宮中の動向を明らかにすることにあったが、詳細を極めたその内容は、裁判の結果のみならず、戦争責任をめぐる論争や戦後日本の歴史観の形成にも大きな影響を与えた。両者はそれぞれ一九五〇～五六年、一九六六年に出版され、今なお昭和史の一級史料として活用されている。

日記を積極的に公開する政治家は、戦後政治史の中にも見出すことができる。その一人が、議会官僚から参議院議員に転身した平野貞夫である。平野は、衆議院事務局の幹部職員（総務課長、委員部長）であった一九八五～九一年に、各党の政治家に情報提供や政治的助言を行う職務を担当していた。彼はそうした中で小沢一郎（当時内閣官房副長官や自民党幹事長を歴任）と肝胆相照らす仲となり、後に自民党を脱党する小沢グループや公明党の政治家たちとも親交を深めていった。そして一九九一年に衆議院事務局を退職すると、平野自身もまもなく参議院議員となり、その後一貫して小沢と政治行動を共にした。

平野は、議員時代から自らの見聞をもとにした著作を発表していたが、二〇〇四年に政界を引退すると、より本格的な著述活動を開始した。多数の著書が出版されているが、注目されるのは、平野が執筆にあたって議会官僚時代につけていた日記を積極的に活用したことである。とりわけ、二〇〇五年に出版した『公明党・創価学会の真実』『公明党・創価学会と日本』は、日記および当時のメモをもとに、五五年体制末期に自民党・公明党がいかなる関係にあったのかを赤裸々に明らかにしたもので、インパクトの大きいものであった[37]。

著者を含む研究者グループは、二〇〇九〜一一年に平野にオーラル・ヒストリーを行ったが[38]、その過程で平野から日記全文の刊行を許可され、現在出版を進めているところである[39]。この日記は、湾岸戦争や政治改革問題への対応をめぐって自民党政治が混迷を深めていく様子を、小沢らの動きを中心に描いており、ある意味では、小沢や平野の政治行動の原点の記録であると言える。小沢はいまだ現役の政治家であり、彼と長年盟友関係にある平野が日記刊行に踏み切ったことに、何らかの政治的含意を読み取ることも不可能ではなかろう。ともあれ、公開の意図はさておき、同日記が五五年体制崩壊の軌跡や一九九〇年代の政治改革の時代を理解する上で不可欠の一次史料であり、一九八〇年代以降の政治史研究に一石を投じるものであるのは間違いない。今後発見されるであろう新史料とともに、本日記の検討が進むことを期待したい。

獄中で日記を書く

次いで、「獄中で日記を書く」という行為について考察していきたい。

監獄や拘置所は、服役者や刑事被告人から自由を奪うことを目的とした施設であり、収容された者は過酷な環境に置かれる。しかし、場合によっては、最低限の衣食住が保証され、外部から遮断された環境は、思索や読書に適していると言えなくもない。実際、A級戦犯容疑者として巣鴨に収監された岸信介は、獄中で書道、読書、翻訳、短歌、囲碁などに精を出し、当時の日記には「読書に熱中寸暇を惜しむ」といった記述がしばしば登場する。(40)

監獄や拘置所に収監される人物は、自らの無実を訴える、あるいは死ぬ前に自分が生きた証を語り残すといった目的のために、しばしば強い執筆意欲を持っている。日本近代史を振り返ると、獄中で書かれた手記というのは意外に多く、幸徳秋水(41)、磯部浅一(42)、ゾルゲ(43)などが獄中で手記を残している。(44)獄中で日記まで書き残した人物はそれほど多くないものの、それでもいくつかの例は見出すことができる。蛮社の獄を主導した酷吏と見なされ、二三年間幽閉生活を送った鳥居耀蔵(45)、五・一五事件に連座し、禁固五年の有罪判決を受けて服役した大川周明(46)などが、その一例として挙げられる。

日本近代史上おそらく最も多くの「獄中日記」が生産された時期は、占領期であろう。一九四五〜四六年、一〇〇名以上の政治家・軍人・官僚らがA級戦犯容疑者として逮捕され、巣鴨プリズン（元東京拘置所）に収監された。彼らの中で訴追され、東京裁判にかけられたのは二八名であったが、死刑となった七名以外は、引き続き巣鴨プリズンで服役した。また、訴追されなかった者たちも、釈放されるまで同所で収容生活を送った。さらに、横浜裁判で裁かれたBC級戦犯（容疑者）も多数いたため、巣鴨プリズンには数百名の戦犯容疑者が収容されていたことになる。裁判の不当や不公正に憤る者、無実を訴える者、逆に自らの責任や罪を認める者など、立場は様々であったが、いずれにしても、彼らの中には日記の執筆意欲を持つ者が少なからずいた。巣鴨プリズン内の生活は、厳しい管理下に置かれていたものの、一定の自由が認められ、食事や風呂など物質面は外界よりも概して恵まれていたため、執筆には有利な環境とも言えた。こうして、いくつかの「巣鴨日記」が生み出されることになった。

ざっと確認しただけでも、木戸幸一、重光葵、岸信介、安倍源基、有馬頼寧、畑俊六、真崎甚三郎、笹川良一といった人物たちが「巣鴨日記」を残している。[47] このうち最も旺盛に執筆に励んだのは、重光であろう。重光が巣鴨プリズン内で回顧録『昭和の動乱』を執筆し、出獄後すぐに刊行したことはよく知られている。[48] 彼はこれ以外にも獄中で多くの手記を書いた他、[49] 詳細な日記まで付けており、こちらも出獄後に出版している。[50]

近年発見された「巣鴨日記」としては、「岡部長景日記」が挙げられる。[51] 岡部長景は旧岸和田藩主家の当主で、おそらく戦時中に東條英機内閣で文相を務めたことが理由で、A級戦犯容疑者として逮捕された。彼は、収監されていた一九四五年一二月から一九四七年八月まで日記を書き続け、自らの心情や家族への思いを綴った。検閲の可能性を意識していたからであろう、思想や政治活動を振り返った記述は少ない。この点で、この日記は政治史研究の史料として活用するには、限界があると言わざるを得ない。

もっとも岡部は、戦争裁判という未曽有の事態に遭遇していながら常に落ち着いており、戦争裁判の進行や巣鴨プリズン内部の様子が、冷静な筆致で記録されている。この点で、同日記の史料的価値は決して低くない。そもそも「巣鴨日記」は、戦犯容疑者として拘禁されるという一種の極限状態で、外界から遮断された孤独な状況の中で書かれているためか、同様に率直かつ冷静に記されているものが多いように思われる。いくつかの「巣鴨日記」を比較検討することによって、当時の政治指導者や戦犯たちが戦争をどのように総括していたのか、戦争裁判をどのように受け入れようとしていたのか（あるいは、受け入れようとしなかったのか）を多角的に検討することができるのではないかと思われる。

ひたすら日記を書く

最後に、「ひたすら日記を書く」という行為について見ていきたい。古今東西、「日記魔」「日記狂」とでも言うべき人物は数多く存在してきた。膨大な量の日記は他人の興味をそそるもので、書き手のための記録というよりは、むしろ他者に読ませるための一つの文学作品のような性格を帯びる。イギリスに、「エッセイスト（essayist）」「ノベリスト（novelist）」などと並んで、「ダイアリスト（diarist）」という言葉があるのはそれを示唆していると言えるかもしれない。日記の作者がそれほど有名ではない場合、後世の人間は、作者の行動や心情よりも、日記に描かれた国家や社会のあり方により強い関心を向けることになる。イギリス史を代表するダイアリストで、一六六〇年から約一〇年間にわたって詳細な日記を残した海軍行政官サミュエル・ピープスなどはその典型で、人々は彼の日記を通じて、王政復古期の社会やロンドン大火の様子などについて知ることになる。(52)

詳細な日記は、後世の歴史家にとって大変有難い史料である。しかし、あまりにも量が膨大になると、それに目を通すのは容易ではなくなる。まして、翻刻・出版となると一大事業であり、解読のスキルと知識を持つ人員、予算と時間が必要となる。出版された日記が認知され、研究にインパクトを及ぼすためには、さらに長大な時間を要する。日記が研究資料として広く活用されるようになるためには、まことに息の長い取り組みが必要なのである。重要な情報を含む長大な日記が発見されると、日記を活用した研究と日記自体の翻刻・出版作業とが、長い時間をかけて並行的に進んでいくことになる。

日本近代史でこのような日記を代表するのが、「世界最長」とも言われる「倉富勇三郎日記」である。倉富は司法官僚を経て、帝室会計審査局長官、枢密院議長などを歴任した人物で、一九一九〜四四年に、宮中、華族や政界の機密情報を記した膨大な日記を残した。日記は小型の手帳、ノートなど合計二九七冊にのぼり、二六年間、平均すると毎月ノート一冊分のペースで書き綴った計算になる。いずれも、倉富が関わった出来事が、細部にわたるまで延々と書き連ねてある一方で、個人的な意見や所懐はあまり記されていない。『枢密院議長の日記』を書いた佐野眞一は、同日記を「世界最大最長級の日記」「誰も読み通せなかった日記」「究極のノンフィクション」と評し、同日記の翻刻を行っている永井和は、倉富のことを「日記を書いた本人よりも、彼が書き残した日記のほうが注目される、歴史の記録係ともいうべき人物」と形容している。[53]

この日記は、一九七三年に国立国会図書館に寄託（その後寄贈）され、研究者に活用されてきたが、独特の字体で書かれ、判読困難なことで有名であった。しかし近年、その史料的価値に注目した研究者グループによって翻刻・出版が開始され、一九一九年から二四年までをカバーした三冊が既に刊行されている。[54]この五年分だけで、二段組の細かい字で合計三七〇八頁であるから、分量がいかに凄まじいかがお分かりいただけるだろう。同日記の翻刻には、画像イメージをデジタル・コンテンツ化するソフト（SMART-GS）が利用されているという。[55] 全文翻刻にはまだかなりの時間がかかるものと思われるが、最新の技術を応用しながら、息の長い取り組みが続くことが期待される。

字数という点では劣るものの、「倉富勇三郎日記」以上に長期間書き綴られ、膨大な情報量を含んでいるのが「河井弥八日記」である。[56] 河井は、貴族院事務局に長年勤務した議会官僚で、同局のトップである貴族院事務局長を退官した後、侍従次長、貴族院議員、参議院議員を歴任し、最後は参議院議長にまでなった人物である。現存する日記のうち最も古いものは、旧制第一高等学校在学中の一八九九年で、その後驚くべきことに彼が死去する一九六〇年までの日記がほとんど残されている。また、日記のもとになった手帳も相当数残されている。

河井は、日頃は携帯していた手帳に予定や面会記録を丹念に記録し、自身の動静、家族や親戚の動向や重要だと思われる諸情報を、後日ある程度まとめて日記帳に記していたようである。記述内容としては、河井が直接の関わりを持っていた貴族院（事務局）、宮中関係が特に充実しており、食糧増産運動、砂防事業、地元静岡県の政治・社会の変遷などについても詳しい記述がある。いずれも基礎的な事実・情報を漏れなく記載し、感想や意見はあまり記していないのが特徴的であり、あたかも議会の議事録のような調子で記述が続いている。そのため、この日記は読み物としては必ずしも面白いものではないが（これは「倉富勇三郎日記」とも共通する特徴である）、それだけに書かれている内容は事実として信頼が置ける。河井の日記は、侍従次長を務めていた昭和初期のものが既に刊行されているが、現在戦後分の刊行が進められており[57]、戦前の未公刊部分の出版を視野に入れた研究プロジェクトも進行中である。これらが出版されれば、戦前・戦後を通観できる基礎史料として活用されることになるだろう。

日本の近代史研究に近年大きなインパクトを及ぼしている日記として、「蒋介石日記」を見逃すわけにはいかない。彼が一九一七年から一九七二年まで書き綴っていた日記は、寄託先であるアメリカのスタンフォード大学フーヴァー研究所で二〇〇六年から公開が開始された。五一箱、数万頁にのぼる膨大な量の日記であるが、所有権をめぐる遺族間の争いのため、紙焼き版による閲覧のみが許され、複写、撮影、パソコン入力などは一切認められていない。そのため、同研究所には世界中からの研究者が殺到し、地道に筆写するという状況が続いているという[58]。こうした困難な状況にもかかわらず、研究は着実に進展しており、日本でもこの日記を本格的に活用した研究書が出版されている[59]。今後、日記自体の刊行とそれによる研究のさらなる進展が待たれるところである。

おわりに

最後に、以上の考察を踏まえて、今後の日記の活用のあり方について、留意すべき点を挙げておきたい。

第一に、日記原本の分析を行うことの重要性を指摘しておきたい。膨大な量の史料に目を通さなければならない研究の現状を考えると、研究者であっても、全ての日記の原本を確認するのはおよそ不可能である。しかし、現在研究によく利用されている日記刊本の中にも、翻刻・校訂に問題があるものは少なくないことは認識しておく必要がある。

意図的な改竄は論外としても、[60] 史料翻刻の方法論が未確立だった戦前や、物資が不足していた戦中・終戦後の刊本には、遺憾ながら問題があるものもある。近年の研究では、古い刊本の見直しが積極的に進められており、「海舟日記」のように、そもそも何をもって「日記」とするのか自体が問い直されることもある。定評のある「原敬日記」ですら翻刻に問題があると言われており、厳密な考証を行うためには、近年刊行された影印版を確認する必要がある。こうした問題点の確認はいまだ不十分であり、これからといった感が否めない。今後の研究の進展を期待したい。

第二に、研究者による日記（を含む一次史料）収集の努力が、今後も必要である。従来通り、政治家が残した日記が後世に伝えられ、そのうち重要なもの、特徴のあるものは公刊されるという流れは、今後も続くものと思われる。首相退任後間もなく日記を公開した中曽根康弘、生涯にわたって日記を書き続けたと伝えられる小渕恵三[61]など、いずれ何らかの形で日記が公開されることが期待されている政治家は何人か存在する。しかし、日記の所在が確認されている政治家はごく一部である。そもそも日記が存在することを確認し、本人や遺族にそれを提供してもらうには、研究者やアーキビストの熱意と努力が不可欠である。「平野貞夫日記」のように、オーラル・ヒストリーを契機に日記が公開されるケースもある。将来の歴史研究のため、今後も息の長い取り組みが続けられる必要がある。

この問題とも関係するが、第三に、インターネット時代に対応した日記（的史料）の収集のあり方を本格的に検討しなければならない。近年日記をつける風習は急速に廃れていると考えられ、最近の政治家にも日記を付けていない者が多いのではないかと思われる。その意味では、これまで歴史研究を支えてきた日記という史料形態が、今後も存続するのは難しいかもしれない。他方で、最近の政治家はブログやツイッターでの情報発信に熱心に取り組んでおり、今後はこれが日記に代替する役割をある程度果たしていく可能性もある。こうした記録の保存は、研究者個人では限界があるし、公的機関が組織的・体系的に行ってこそ意味がある。国立国会図書館は二〇〇二年から「インターネット資料収集保存事業」を行っているが[62]、収集対象資料は公的機関などに限定され、政治家個人のサイトやブログは対象とされていない模様である[63]。今後収集対象資料の拡大や他機関による政治関係資料の収集が検討されることを期待したい。

第四に、電子技術の発達により、日記の活用の仕方が変化しつつあることを指摘しておきたい。近年、『原敬日記』『山県有朋関係文書』といった基礎史料の電子書籍化が進められている。これらの資料は、全文をテキスト検索できるため、従来手作業で行ってきた用語や人物の頻出度のチェックなどを容易に行うことができる。こうした手法によってどのような研究ができるのかは未知数であるが、少なくとも大量のデータ処理が容易になったことのメリットは小さくないように思われる。今後の独創的な研究への応用を期待したい。

（1）代表的な先行研究として、昭和戦争文学全集編集委員会編『昭和戦争文学全集第一四　市民の日記』（集英社、一九六七年）、青木正美『自己中心の文学―日記が語る明治・大正・昭和―』（博文館新社、二〇〇八年）、西川祐子『日記をつづるということ―国民教育装置とその逸脱―』（吉川弘文館、二〇〇九年）、ドナルド・キーン著、角地幸男訳『日本人の戦争―作家の日記を読む』（文春文庫、二〇一一年）、田中祐介・土屋宗一・阿曽歩「近代日本の日記帳―故福田秀一氏蒐集の日記資料コレクションより―」『アジア文化研究』（三九号、二〇一三年三月）を参照。

（2）先駆的試みとして、伊藤隆「日記」（中村隆英・伊藤隆編『近代日本研究入門』東京大学出版会、一九八三年、増補版二〇一二年）、近年の論考として、佐々木隆「近代文書と政治史研究」（石上英一編『歴史と素材』吉川弘文館、二〇〇四年）を参照。

（3）以下本項の記述は、特に断りのない限り、井上勲編『日記に読む近代日本一　幕末・明治前期』（吉川弘文館、二〇一二年）、千葉功編『日記に読む近代日本二　明治後期』（吉川弘文館、二〇一二年）に基づく。

（4）木戸日記に依拠しながら岩倉使節団の動向を検討した著作として、宮永孝『白い崖の国をたずねて』（集英社、一九九七年）を参照。

（5）代表的なものとして、吉村昭『落日の宴』（新装版、講談社文庫、二〇一四年）がある。

（6）宮永孝『高杉晋作の上海報告』（新人物往来社、一九九五年）を参照。

（7）アーネスト・サトウ著、坂田精一訳『一外交官の見た明治維新』上下（岩波文庫、一九六〇年）。

（8）Robert Morton and Ian Ruxton eds., *The Diaries of Sir Ernest Mason Satow*, 1861-1869, Edition Synapse, 2014.

（9）伊藤隆「伊藤博文」伊藤隆・季武嘉也編『近現代日本人物情報史料辞典』吉川弘文館、二〇〇四年。

（10）本田節子『朝鮮王朝最後の皇太子妃』文春文庫、一九九一年、一七頁。

（11）大隈重信のみは例外で、彼はそもそも自筆書簡を書くことがなかったとされている（早稲田大学編『図録大隈重信　近代日本の設計者』早稲田大学出版部、一九八八年、二四頁）。

（12）千葉功「史料とは何か」、御厨貴編著『近現代日本を史料で読む』中公新書、二〇一一年、四頁。

(13) 日本史籍協会編『司法省日誌』一～二〇、東京大学出版会、一九八三～八五年。同編『文部省日誌』一～二三、東京大学出版会、一九八五～八七年。同編『開拓使日誌』一～六、東京大学出版会、一九八七年。
(14) 史料の概要については、防衛省防衛研究所のホームページ http://www.nids.go.jp/military_archives/を参照。
(15) http://www.jacar.go.jp/
(16) 衆議院憲政記念館「主な所蔵資料一覧」（衆議院のホームページ http://www.shugiin.go.jp/internet/itdb_annai.nsf/html/statics/kensei/shiryou.htm）。
(17) 渡邊行男『守衛長の見た帝国議会』文春新書、二〇〇一年。
(18) 以下本項の記述は、特に断りのない限り、山口輝臣編『日記に読む近代日本三　大正』（吉川弘文館、二〇一二年）、土田宏成編『日記に読む近代日本四　昭和前期』（吉川弘文館、二〇一一年）、前掲、御厨貴編著『近現代日本を史料で読む』三～五章に基づく。
(19) 原の日記や文書を読み込んだ最新の評伝として、伊藤之雄『原敬』上下（講談社選書メチエ、二〇一四年）がある。
(20) 立命館大学編『西園寺公望伝』第四巻、岩波書店、一九九六年、四三六頁。
(21) 戦前期における電話の発達については、藤井信幸『テレコムの経済史』（勁草書房、一九九八年）第Ⅰ部を参照。
(22) 内田康哉の日記は、小林道彦・高橋勝浩・奈良岡聰智・西田敏宏・森靖夫編『内田康哉関係資料集成』一巻（柏書房、二〇一二年）に収録されている。
(23) 古川隆久・森暢平・茶谷誠一編『「昭和天皇実録」講義』吉川弘文館、二〇一五年、一七頁。
(24) J・C・グルー著、石川欣一訳『滞日十年』上下、ちくま学芸文庫、二〇一一年。
(25) 廣部泉『グルー　真の日本の友』ミネルヴァ書房、二〇一一年。
(26) 吉田茂「序文」同『回想十年』一巻、中公文庫、一九九八年。
(27) 世界平和研究所編『中曽根内閣史』資料篇、世界平和研究所、一九九五年、四章。

(28) 細川護熙著、伊集院敦構成『内訟録　細川護熙総理大臣日記』日本経済新聞出版社、二〇一〇年。同日記は、出版準備が開始された時点で、原稿が既にパソコンに入力されており、原本は確認されていない。同書の史料的性格や記述内容については、慎重な検討が必要であろう（小宮京「書評『内訟録　細川護熙総理大臣日記』」、東京財団ホームページ http://www.tkfd.or.jp/research/political-review/a01105）。

(29) 御厨貴『オーラル・ヒストリー』中公新書、二〇〇二年。同編『オーラル・ヒストリー入門』岩波書店、二〇〇七年。

(30) 勝海舟の日記については、落合則子「「海舟日記」の史料論的考察―慶応戊辰期を中心に―」（『東京都江戸東京博物館研究報告』九号、二〇〇三年一〇月）を参照。

(31) 鵜飼政志「海舟日記」前掲、井上勲編『日記に読む近代日本一』。

(32) 季武嘉也「原敬日記」前掲、山口輝臣編『日記に読む近代日本三』。牧原出「原敬日記」前掲、御厨貴編著『近現代日本を史料で読む』。

(33) 季武嘉也「松本剛吉政治日誌」前掲、山口輝臣編『日記に読む近代日本三』。中野弘喜「松本剛吉政治日誌」前掲、御厨貴編著『近現代日本を史料で読む』。

(34) 「三党首院内会合の真相と田中総裁の態度（故松本剛吉氏政治日誌拾遺）」（「田中義一文書」一八四、国立国会図書館憲政資料室所蔵）。この他、同文書一八三、五七四にも日記の写本と思われる文書が収められている。

(35) 長鋏生「政界秘聞　護憲内閣成立の裏面」（「杉村楚人冠関係資料」F左6後1、我孫子市杉村楚人冠記念館所蔵）。同資料の存在については、髙木大祐氏（我孫子市杉村楚人冠記念館嘱託職員）からご教示を頂いた。記して感謝申し上げる。

(36) 菅谷幸浩「西園寺公と政局」、松田好史「木戸幸一日記」前掲、土田宏成編『日記に読む近代日本四』。村井良太「原田熊雄文書」『西園寺公と政局』。牧原出「木戸幸一日記」前掲、御厨貴編著『近現代日本を史料で読む』。

(37) 平野貞夫『公明党・創価学会の真実』、同『公明党・創価学会と日本』いずれも講談社、二〇〇五年。
(38) 平野貞夫述、赤坂幸一・奈良岡聰智・村井良太構成『平野貞夫オーラル・ヒストリー』上下巻、赤坂幸一、二〇一二年。
(39) 平野貞夫著、赤坂幸一・奈良岡聰智校訂『消費税国会の攻防　一九八七―八八　平野貞夫衆議院事務局日記』千倉書房、二〇一二年。同『平野貞夫衆議院事務局日記』一～四巻　信山社、二〇一三年。後者は、近刊の五巻で完結予定である。日記の概要については、前者所収の赤坂幸一・奈良岡聰智「消費税制度成立の舞台裏と「平野貞夫日記」」を参照。
(40) 原彬久『岸信介―権勢の政治家―』岩波新書、一九九五年、一四一頁。
(41) 幸徳秋水「獄中手記」　幸徳秋水全集編集委員会編『幸徳秋水全集』六巻、明治文献、一九六八年。
(42) 磯部浅一『獄中手記』中公文庫、二〇一六年。
(43) リヒアルト・ゾルゲ『ゾルゲ事件　獄中手記』岩波現代文庫、二〇〇三年。
(44) この他、出獄後に記された「獄中手記」も存在する。大杉栄『獄中記』土曜社、二〇一二年。山本譲司『獄窓記』新潮文庫、二〇〇八年。佐藤優『獄中記』岩波現代文庫、二〇〇九年。
(45) 井上勲「鳥居甲斐晩年日録」　前掲、井上勲編『日記に読む近代日本二』。
(46) 大川周明顕彰会編『大川周明日記：明治三六年～昭和二四年』岩崎学術出版社、一九八六年。
(47) 主な「巣鴨日記」として以下が挙げられる。太田正孝『すがも：人間改革』時代社、一九四九年。重光葵『巣鴨日記（正・続）』文藝春秋新社、一九五三年。高橋信一編『我が海軍と高橋三吉』高橋信一、一九七〇年。児玉誉士夫『風雲』上巻、日本及日本社、一九七二年。『木戸幸一日記　東京裁判期』東京大学出版会、一九八〇年。『岸信介の回想』文藝春秋、一九八一年。太田耕造全集編集委員会編『太田耕造全集』一巻、亜細亜大学日本経済短期大学、一九八三年。安倍源基『巣鴨日記』展転社、一九九二年。畑俊六『巣鴨日記』　小見山登編、日本文化連合会、一九七七年（のち『元帥畑俊六獄中獄外の日記　前後編』日本人道主義協会、一九九二年）。『石原廣一郎関係文書』上巻　柏書房、一九九四年。伊藤隆・尚友倶楽部編

『有馬頼寧日記（二）巣鴨獄中時代』山川出版社、一九九七年。笹川良一『巣鴨日記』伊藤隆・渡邊明校訂、中央公論社、一九九七年。伊藤隆編『続・巣鴨日記　笹川良一と東京裁判二』中央公論新社、二〇〇七年。

　ＢＣ級戦犯の日記を紹介した文献も多数存在するが、近年の代表的なものとして、上坂冬子『巣鴨プリズン一三号鉄扉　裁かれた戦争裁判』（ＰＨＰ研究所、二〇〇四年）、久山忍編著『国のために潔く　ＢＣ級戦犯の獄中日記』（青林堂、二〇一五年）を参照。

(48) 重光葵『昭和の動乱』上下、中央公論社、一九五二年。

(49) 伊藤隆・渡邊行男編『重光葵手記』中央公論社、一九八六年。

(50) 前掲、重光葵『巣鴨日記（正・続）』。

(51) 尚友倶楽部・奈良岡聰智・小川原正道・柏原宏紀編『岡部長景巣鴨日記：附岡部悦子日記、観堂随話』芙蓉書房出版、二〇一五年。同日記の概要については、同書所収の拙稿「岡部長景日記（昭和二〇〜二二年）」を参照。

(52) 同日記については、臼田昭他訳『サミュエル・ピープスの日記』全一〇巻（国文社、一九八七〜二〇一二年）、臼田昭『ピープス氏の秘められた日記』（岩波新書、一九八二年）を参照。

(53) 佐野眞一『枢密院議長の日記』講談社現代新書、二〇〇七年。

(54) 倉富勇三郎日記研究会編『倉富勇三郎日記』第一〜三巻、国書刊行会、二〇一〇〜一五年。

(55) Nagai Kazu, Reading the *Kuratomi Yūzaburō Diaries* with the SMART-GS Application, EAJS Conference in Japan, 28 Sep. 2013.

(56) 同日記の概要については、内藤一成「新史料発見　議長席からみた戦後政治　参議院議長河井弥八日記一九五三〜五四年（前・後編）」（『中央公論』一二八巻七・八号、二〇一三年七・八月）、同「総説」（尚友倶楽部・中園裕・内藤一成・村井良太・奈良岡聰智・小宮京編『河井弥八日記　戦後篇一［昭和二十年〜昭和二十二年］』信山社、二〇一五年）を参照。

(57) 前掲、尚友倶楽部・中園裕・内藤一成・村井良太・奈良岡聰智・小宮京編『河井弥八日記　戦後篇一〔昭和二十年～昭和二十二年〕』。
(58) 同日記の史料的性格については、川島真「産経新聞『蔣介石秘録』の価値―「日記」の引用とオリジナルをめぐる再検討」（山田辰雄・松重充浩編著『蔣介石研究―政治・戦争・日本―』東方書店、二〇一三年）、段瑞聡「『蔣介石日記』と蔣介石研究の現状」（『三色旗』七九八号、二〇一五年二月）を参照。
(59) 代表的研究として、家近亮子『蔣介石の外交戦略と日中戦争』（岩波書店、二〇一二年）、鹿錫俊『蔣介石の「国際的解決」戦略：一九三七―一九四一　「蔣介石日記」から見る日中戦争の深層』（東方書店、二〇一六年）を参照。
(60) 一例を挙げると、田中正明編『松井石根大将の陣中日記』（芙蓉書房出版、一九八五年）には、編者による加筆・修正・削除があったとされている。この件については、板倉由明「松井石根大将『陣中日記』改竄の怪」（『歴史と人物』昭和六〇年冬号、一九八五年）、南京戦史編集委員会編『南京戦史資料集二』（偕行社、一九九三年）を参照。また、一九七九年に「芦田均日記」の一部が新聞で紹介された際には、いわゆる「芦田修正」についての改竄（加筆）がなされ、後に日記が公刊された際にお詫びと訂正がなされるという騒動があった（『東京新聞』一九七九年三月一二日、一九八六年五月三一日）。
(61) 佐野眞一『凡宰伝』文春文庫、二〇一二年。
(62) 国立国会図書館「インターネット資料収集保存事業」のホームページ http://warp.da.ndl.go.jp/
(63) 「国立国会図書館法によるインターネット資料の収集について」（国立国会図書館、最終更新二〇一三年一月）http://warp.da.ndl.go.jp/bulk_info.pdf

第二部　日記と文学・言語

第六章　日記から『源氏物語』へ・『源氏物語』から日記へ
――『紫式部日記』・『とはずがたり』における「われ」の構築

久富木原　玲

はじめに

人はなぜ日記を書くのだろうか。一般的に現代では自分ひとりのために日々の出来事やそれらにかかわる感想を記すことが多い。ところが古代・中世の仮名日記はこれとは逆で他人に見せることを目的としていた。少なくともそれは暗黙の了解になっており、日記は個人だけのものではなく社会性を帯びていたのである。しかも日々の記録ではなく過去を振り返る回想録の性格を持つ場合が多く、「われ」の感懐に基づいて「われ」の人生を描きつつも、自分を貴族社会にどのように位置づけるのかという意識と結びついていた。そのような条件の中で「われ」をどのように描き、意義ある存在として構築するのかということが日記の究極的な目的としてあった。

ここでは平安時代の『紫式部日記』と鎌倉時代の『とはずがたり』を採り上げる。このふたつの日記は書かれた時代も目的も異なるのだが、きわめて興味深い共通点がある。それは両作品共に虚構と密接にかかわっており、さらに『源氏物語』を抜きにしては語れないということである。では、なぜ『源氏物語』なのか。どのように『源氏物語』の虚構性と結びつくのか。このような点に着目しつつ「日記と物語」との往還の中で「われ」を鮮やかに構築するその手法について見ていく。古代と中世のふたりの女性が「われ」をどのようにイメージし語っているかということは、それぞれの時代における社会のありかたや意識の変化の一端をも浮かび上がらせてくれるであろう。

それぞれの作品の特色としては『紫式部日記』が「物語への架橋」を示し、逆に『とはずがたり』は「物語からの架橋」を示すことが挙げられる。両者は「日記と物語」との往還という点では関係性のベクトルが逆で、前者は日記の視点や描写を『源氏物語』に活かす方向性を持ち、後者は『源氏物語』による枠組みを用いて日記における「われ」を創造する。

内容的な面においても両者は対照的である。『紫式部日記』は中宮の皇子出産という慶事をめぐる観察と記録に焦点を当てた古代の宮仕えの日記であるが、『とはずがたり』は宮仕えも含む自身の半生を振り返る中世の作品である。前者は宮仕えをめぐる「今、ここ」を、後者は過ぎ去った「過去」の半生を対象とする。

一方、共通する要素としては、語り始めの文体が三人称の形式ではなく、冒頭近くあるいは冒頭から一人称表現によって書き始められているということが挙げられる。これは日記文学の嚆矢とされる『土佐日記』が「女もしてみんとてするなり」として「女」という三人称に仮託する形で始められ、これに続く『蜻蛉日記』や『和泉式部日記』『更級日記』などの平安時代を代表する日記もまた三人称形式で語り始めるのと好対照をなしている。(1)

平安時代後期、即ち一般的に院政期と呼ばれるようになったあたりから、歌日記的な仮名文に一人称的な視点の作品があらわれ始めるが、[2]一人称を明示して始まる日記は中世の日記文学の特徴のひとつを示すと言ってよい。

ところが『紫式部日記』は平安時代の日記としては珍しく、冒頭近くに「われ」を刻みつけている。また、この作品には観察し記録する者としての立場に加えて、私的な感懐を表出する「われ」が存在しており第三者の目と一人称の目を併せ持つ。さらにそのような自身の体験を虚構化して『源氏物語』の場面にも活かしている。一方、『とはずがたり』は強烈な「われ」の実体験を物語的な枠組みの中に組み込み、「われ」の人生を虚実ないまぜに語りつつも、これを家系意識に基づいた社会的な意義を持つ自分史として位置づける。

これらのふたつの日記は、それぞれの個性を発揮しつつ古代と中世において「われ」を語ることがどのような個人的、社会的意義を持っていたのかということについて考えさせ興味をかき立ててくれるのである。

一　『紫式部日記』の視点――『源氏物語』への架橋

1．道長と親密な関係を持つ「われ」

①観察者・記録者としての「われ」と私的な感懐をつなぐもの

『紫式部日記』は寛弘五年（一〇〇八）七月に中宮彰子が父親の道長の邸宅、土御門殿に里帰りし、無事に皇子（後の後一条天皇）が誕生して翌年正月の五十日のお祝いまでを綴ったものである。日記の冒頭は次のように書き始められている。

秋のけはひ入りたつままに、土御門殿の有様、いはむかたなくをかし。池のわたりの梢ども、遣水のほとりのくさむら、おのがじし色づきわたりつつ、おほかたの空も艶なるに、もてはやされて、不断の御読経の声々、あはれまさりけり。（一二三頁）

ここには平安時代の日記に顕著であった「……人ありけり」という三人称的な登場人物の紹介はなされない。まず土御門殿の庭の様子や空の気配などといった自然の景物が視覚的に描写され、それからおもむろに読経の声が聞こえてくる。映画的手法と言うべきか、邸宅の庭の風景を映した後に、聴覚的な描写がなされる中で読者はこの案内人の説明に従って邸内へと導かれて行く。

それから中宮彰子の居所である寝殿の描写へと移るが、ここで作者は中宮のすばらしさを誉めながら、自身の個人的な感懐を吐露する。

憂き世のなぐさめには、かかる御前をこそたづねまゐるべかりけれと、うつし心をばひきたがへ、たとしへなくよろづ忘らるるも、かつはあやし。（一二三頁）

自分がふだんいかに憂鬱な気持ちを抱いているかを述べて、唐突に案内人としての役割を離れて私的な感情を前面に出す。中宮がすばらしい方なので、その御前に出ると鬱々とした気持ちが晴れるというのである。女房の立場から中宮を誉めているのだが、主を礼賛するのに私情を基準にするのである。だが、このような私的な感情や個人的な視点こそが、この作品の核になっている。その端的な例として、少し後の場面を見てみよう。

中宮の安産祈願のために五壇の御修法(3)という極めて大がかりな修法が盛大に行われたその明け方、作者の許を「殿」つまり道長が訪れるという場面である。

作者が自分の部屋から庭を眺めていると、道長が庭を歩き回って随身を召して遣水の流れを整えさせているのが見えたかと思うと、道長は渡殿の下に咲き誇る女郎花を一枝折って作者の局の几帳越しに上からかざしたのであった。作者は堂々として立派な姿の道長に引き替え、まだ朝の身支度も整えていない「わが朝がほ」（起き抜けの自分の朝の顔・後掲の引用文の傍線部分）の見苦しさを思ってあわてるが、道長に和歌を催促されて急いで詠んだところ道長もこれに和歌で応じた。

> 渡殿の戸口の局に見いだせば、ほのうちきりたるあしたの露もまだ落ちぬに、殿ありかせたまひて、御随身召して、遣水はらはせたまふ。橋の南なるおみなへしのいみじうさかりなるを、一枝折らせたまひて、几帳の上よりさしのぞかせたまへる御さまの、いと恥づかしげなるに、わが朝がほの思ひしらるれば、「これ、おそくてはわろからむ」とのたまはするにことつけて、硯のもとに寄りぬ。
>
> （一二五頁）

道長が作者にいかに親しく接していたかがわかる場面である。これ以外にも道長が作者の局を訪れる有名な条があるが、ここでは道長の行為によって「わが」という一人称表現が導き出されていることに注目したい。朝早く、起きたばかりの女房に几帳越しに花を差入れる行為は単なる主と中宮付きの女房とは思えない関係を思わせる。

道長一家にとって娘である彰子中宮の出産は今後の一族の繁栄に大きくかかわる一大事だから、それを書き残すのは重要な任務に違いなかった。ゆえに皇子誕生という慶賀すべき儀礼がいかに盛大に執り行われたかが綴られていくのだが、その記録は道長から個人的に格別に遇される中宮女房である「われ」によってなされるのである。道長との応酬はきわめて個人的な挿話であるが、そうであるからこそ、それが出産直前に記されることに意味があった。

ここで作者と道長との間には、次のような和歌のやりとりがなされる。

おみなへしさかりの色を見るからに露のわきける身こそ知らるれ　紫式部

白露はわきてもおかじおみなへしこころからにや色の染むらむ　道長　（一二五頁）

作者は「あなたさまのお姿はすばらしく立派でいらっしゃるのに、私の方には露も置いて下さらず、みずみずしさがなくなって盛りを過ぎた自分を嘆くことです」と言う。これに対して道長は「露は分け隔てなどしていない、女性は心の持ち方次第で美しくなれるものだよ」と慰めている。道長は女郎花一枝を差し入れたのであったが、この花は当時、女性、それも好色の対象としての女性に喩えられることが多かった。お互いの了解の下にポーズを取っているのか、あるいは実際にそのような関係があるのかどうかはわからないが、いずれにしても気心の知れた親しい間柄にあることを示すには十分なエピソードである。

このように、おそらくはこの日記の実質的な依頼者である道長とのきわめて親しい関柄を示しつつ、「われ」の視点から描写するという叙述方法がこの日記の基調にある。そのことは出産後に帝から下賜された御佩刀を届けた頭中将頼定の記事にも明らかである。土御門邸へ御佩刀を届けた頼定に道長がご褒美（禄）を賜ったことを記すのだが、作者はその文末に、あえて、「そのことは見ず。」（一三七頁）という一文を置く。作者は東廊の局にいるため、土御門邸寝殿に座を設けられたこの場面は実際には見えないことから、そのことをきちんと断っているのである。

このようにこの日記は観察者・記録者としての立場から正確な叙述がなされているにもかかわらず、前述のように「われ」の特殊な立場や個人的な心情も併せて語られる点に特色がある。「われ」という一人称の立場から公的な出来事も私的な経験に基づく感懐も区別することなく記すところにこそ、『紫式部日記』の特色が認められる。

2. 複眼的な叙述スタイル――『紫式部日記』の方法

①俯瞰的視点と個人的視点

観察者・記録者としての視点と同時に「われ」の私的で個人的な感懐をも備える複合的な視点を併せ持つのは『土佐日記』や『蜻蛉日記』などの、先行する日記にはほとんど見られない特色であった。それは宮廷女房日記という特殊な立場や役割によって生み出されたものであろう。

たとえば『紫式部日記』は他の平安時代の仮名日記に比して男性貴族による漢文日記に見られるような記録性・批評性が際立つとされ、しかも漢文日記とは異なる関心や批評性に特色を認めて「歌合」の様子を記録した仮名文との類似性が指摘されている。[4] 服飾や同僚女房などの立ち居振る舞いなどに関する描写は確かに男性貴族の漢文日記とは異なっており、歌合に付された女房による記録の延長上にあるといえよう。『紫式部日記』もしばしば女房たちの服装や表情の描写に筆を費やしている。しかし歌合の記録と異なるのは俯瞰的な描写から個別の叙述へと移り、最後には、自分の周囲にいる女房たちの人間臭いありようまで、その心理も含めた動態として描く点であろう。

皇子誕生の前日、寛弘五年九月十日条においては、いよいよ出産が近づいた彰子中宮が白木の御帳台に移るのだが、日記はまず中宮の周囲の様子を東西南北の順に描き分けていく。東面には内裏の女房たち、西には物の怪を憑依させるための憑坐と祈祷する験者、南には位の高い僧正、僧都が居並び声が涸れるほど熱心に読経する様子を描く。東西南の三方の空間に関しては「三世の仏」や「不動尊」がそれぞれ「翔り」「（姿を）あらわす」のではないかと述べるが、これらがいずれも推量の表現であるのに対して、中宮付きの女房たち、つまり自分の同僚たちのいる北の空間については描き方が異なっている。

北の御障子と御帳とのはざま、いとせばきほどに、四十余人ぞ、後に数ふればゐたりける。いささか身じろきもせられず、気あがりて、ものぞおぼえぬや。いま、里よりまゐる人々は、なかなかゐこめられず、裳のすそ、衣の袖、ゆくらむかたも知らず。さるべきおとななどは、しのびて泣きまどふ。（一三一―二頁）

狭い空間に四十余人もの女房たちが参り集って身じろきひとつできないので、のぼせあがってしまい、何が何だかわからない。新しく参上した女房たちは中に座らせてもらえず、裳の裾や衣の袖などは、この混雑でどこへ行ってしまったのかもわからなくなってしまっているのだが、これとは対照的に古参の女房たちは中宮を案じておろおろして泣くばかりである。

中宮の安否を気遣う女房たちは自分の衣がどうなっているのかわからないほど、すし詰めの状態で坐っている。その場のむんむんするような熱気の中でぼうっとなっている新人の女房たちとただひたすら中宮を気遣って泣いている古参の女房たちとの対照。このくっきりとふたつに分かれた女房集団の描写からは、新参者と古参の者との中宮に対する親疎の情まで浮かび上がる。これはこの集団の中にいた作者でなければ書けないことである。このように東、西、南の空間の描写は、やや類型的なのに対して中宮の御帳台の「北」に詰めている女房たちの様子は具体的で臨場感に富む。さらに翌九月十一日条には、難産のためにますます緊迫度を増していく様子が語られる。この日は出産の前日で、暁に寝殿の北の障子を開け放って北庇に中宮を移した。そこは塗籠として使用される場所で、難産のために物の怪が取り憑かないようにそこに籠ったのである。(5) 道長は自ら安産のための願文を書き、それを僧たちと共に朗々と読み上げて居並ぶ僧や女房たちの陣頭指揮を執ったが、その声は僧たちの読経の声を圧倒するほどであったと記され、道長の迫力に満ちた采配ぶりがうかがわれる。この後は関係者の名前が列挙されるだけだが、その末尾には作者自身の感懐を書き留めている。

殿の君達、宰相の中将、四位の少将などをばさらにもいはず、左の宰相の中将、宮の大夫など、例はけ遠き人々さへ御几帳のかみより、ともすればのぞきつつ、はれたる目どもを見ゆるも、よろづの恥忘れたり。いただきには、うちまきを雪のやうに降りかかり、おししぼみたる衣のいかに見ぐるしかりけむと、後にぞおかしき。（一三三―四頁）

前日の十日条が女房たち全体の姿を描いていたのに対して、ここでは作者自身の思いがストレートに記されている。道長の子息たちなど、ふだんは親しく接することのない男性貴族たちが、このような状況ゆえに同じ寝殿に集い、時には女房たちの居場所をのぞいたりするので、随分とみっともない格好を見られたのではないかと後でおかしくなったと言うのである。当日は泣き腫らした目で頭には白い米が降りかかっていて、その上、衣はくしゃくしゃになっていた。頭上の白い米は「散米」と言って、邪気を祓うために精米した米を撒いたので、それが頭に残ったままになっていたのである。

このように『紫式部日記』は寝殿の中の様子全体を俯瞰的に捉えて記録的な叙述をしながらも、一方では自分自身の体験や感懐を具体的に述べるという重層的な叙述スタイルを示すのである。

②他者との関係性の中でとらえる「われ」

『紫式部日記』は客観的な記録だけでなく「われ」の視点や感性も併せて記す点に特色が認められるが、その「われ」のとらえ方には突出した特色がある。それは他者に対する視線を媒介にして自己の内面を語るという点である。皇子誕生の後、一条天皇が土御門邸に行幸する十月十六日条を見てみよう。この日、道長は目も醒めるほど見事な船を新しく造って池に浮かべている。一条天皇が到着すると、それらの竜頭鷁首の船中で音楽を演奏してお迎えするのである。

御輿むかへたてまつる船楽、いとおもしろし。寄するを見れば、駕輿丁の、さる身のほどながら、階よりのぼりて、いと苦しげにうつぶしふせる、なにのことごとなる、高きまじらひも、身のほどかぎりあるに、いとやすげなしかしと見る。（一五三―四頁）

天皇をお迎えする音楽は素晴らしいのだが、御輿が近づいた時、作者の目を捉えたのは、それを担ぐ駕輿丁の方であった。駕輿丁は御輿を寝殿の簀子に担ぎ上げるとき、階段にはいつくばり、ほとんどうつ伏せになった姿勢で登って行く。作者はその苦しそうに喘ぐ姿を見て、高貴な人々と交わって宮仕えをする自分の苦しみといったいどこが違うのか、全く同じではないかと思う（前掲引用文中の傍線部分）。

この一文の後には天皇に付き従って来た内侍などの内裏の女房たちや近衛司の役人たちのきらびやかな様子および管弦の遊びの様子が次々に記されていくが、華やかな行幸の一連の描写の中に挟み込まれるように置かれた右の駕輿丁に関する一文は、貴族以外の者に共感を寄せている点で異様な印象さえ与える。ここには「われ」の内面を語る時、第三者を媒介にしてその他者との関係性の中で自己を認識するありかたが示されている。しかも、その第三者とは人の数にも入らぬ駕輿丁であった。特別にすぐれた才能を見込まれて中宮に仕え、その父道長にも重用されるような中流貴族である作者とは比ぶべくもない。そのような身分の低い駕輿丁と自分が同じだとする感覚は、右の引用文の最後にみえる「高きまじらひも、身のほどかぎりあるに、いとやすげなしかし」（高貴な人に交じっての宮仕えも身分には限りがあるので気苦労の多いことであるよ。）という感懐から導き出されている。天皇の御輿を担ぐ駕輿丁の苦しみと高い身分の貴族たちの中で息苦しい思いをして日々を過ごす自分を重ねることは、当時の身分社会において必ずしも自然なことではなかったはずである。他者に対して想像力を働かせると言っても、通常、せいぜい貴族社会の範囲にとどまっていたであろう。ところがここには身分制度を突き抜けて、相手も同じ人間だと捉える柔軟な発想がある。(6) たとえば『蜻蛉日記』が抱えた悩みは、貴族の、特に「品高き」上流貴族の結婚生活における妻としての苦しみであった。そこに社会的関心へと広がっていく可能性が全くなかったわけではない。たとえば源高明が安和の変で流される際に衝撃を受けたことや縁ある人に手紙を送ったりした記事がみえるが、それは天皇の御子として生まれ左大臣という地位にあった極めて高貴な人物を襲った悲劇に動転し同情したのであって、自分も兼家と結婚して「品高き」身分の一員となっているという意識が『蜻蛉日記』作者を動かしたのである。中流貴族やそれ以下の貴族であったならば、自分と特別な縁でもあればともかく、そうでなければ関心を示すことはなかったであろう。いわんや貴族でもない駕輿丁のごとき底辺の人間に共感することはなかったはずである。

その意味で『紫式部日記』の作者は『蜻蛉日記』作者とは全く異なっている。女の身、中流貴族という身分、宮仕えという環境など、諸々の所与の条件の中で他者の存在を認識し、それを自分のありかたと引き比べることができた。それゆえに貴族社会の中のみにとどまるのではなく、その枠組みを超えて思考することができたのである。それは他者の存在を自らの認識の中に迎え入れ引き受けることを意味する。駕輿丁という他者を認識することによって、紫式部はあらためて自分の置かれた立場をさらに普遍的な関係性において捉え直すことができた。

実は、この記事のすぐ前に「行幸近くなりぬとて」という一文で始まる箇所があり、そこで作者は行幸に向けてますます立派に磨き上げられた土御門邸にあって、もの思いに沈み鬱々として嘆く心情を綴っている。そして水鳥が何の物思いもなさそうに遊んでいるのを見て、こんな感想を漏らす。

明けたてば、うちながめて、水鳥どものの思ふことなげに遊びあへるを見る。
水鳥を水の上とやよそに見むわれも浮きたる世をすぐしつつ
かれも、さこそ、心をやりて遊ぶと見ゆれど、身はいと苦しかんなりと、思ひよそへらる。

（一五二頁）

無心に遊んでいる水鳥を見ていると、傍目にはそのように見えても自分もあの水鳥と同じで水の上に浮いているような定めない所で過ごしており、水鳥もほんとうはきっと苦しい思いをしているのであろうと我が身に引き比べてしまうのである（傍線部分）。周囲が祝賀気分で華やかであればあるほど光を受けた影がいっそう濃くなるように作者の心に憂鬱な気持ちが沈殿していく。ゆえに何を見ても、その鬱々とした気分を投影させずにはいられなかった。そのような感覚が駕輿丁と自分を重ねてみるというところへ向かわせたのであった。

だが、そうだとしてもやはり駕輿丁と自分を重ねることとは、格別な自己認識の方法であったと言わざるを得ない。鳥や花などの自然に自分の心情を重ねるのは、『万葉集』以来、和歌の世界で培われてきた発想だったから、水鳥に我が身をよそえるということにはそれほどの飛躍はない。しかし貴族社会に属する者の誰が、社会の底辺で生きている、自分とは直接交わることのない賤しい身分の者に自らをよそえるであろうか。少なくとも他の平安時代の仮名日記には、そのような発想は全く見られない。先に挙げた『蜻蛉日記』、また『和泉式部日記』は一貫して相手の男との関係性の中でしか自分を語ることはない。夫や恋人以外の他者は、自身の内面を照らす存在にはなり得ないのである。

『紫式部日記』の駕輿丁への共感は単なる同情ではなく同じ人間としての目線に立ったもので、生きがたい現実を立場や階級を超えて共有する意識によって支えられている。

それは貴族社会の枠を超えた人間同士の中に新たに生まれる認識である。このような視座こそが、「われ」を基点としつつも身分的な制約を取り払って普遍的な視野から「われ」を捉え直すことを可能にするのである。複眼的な視座は、このようにして獲得される。

3．外国の学問（漢学）と『源氏物語』

①貧しい門番に対する同情――末摘花巻・薄雲巻の挿話から

『紫式部日記』作者の、身分を超えた複眼的な視点は『源氏物語』にもあらわれている。

ある雪の朝、源氏は末摘花の醜い容姿を雪の光の反射によって、まともに目にすることになった。ひどくやせこけていて鼻は普賢菩薩の乗り物、つまり象のように長い赤鼻で、着ているものは古ぼけていて相変わらず無口で全く話をしない。そんな女君に閉口しつつ帰ろうとして門を開けてもらおうとしたところ、年取った門番が出てくる。源氏はこのみすぼらしい翁にいたく同情する。

御車出づべき門はまだ開けざりければ、鍵の預かり尋ね出でたれば、翁のいといみじきぞ出で来たる。むすめにや、孫にや、はしたなる大きさの女の、衣は雪にあひて煤けまどひ、寒しと思へる気色ふかうて、あやしきものに火をただほのかに入れて袖ぐくみに持たり。翁、門をえ開けやらねば、寄りてひき助くる、いとかたくななり。御供の人寄りてぞ開けつる。

「ふりにける頭の雪を見る人もおとらずぬらす朝の袖かな

幼き者は形蔽れず」とうち誦じたまひても、鼻の色に出でていと寒しと見えつる御面影ふと思ひ出でられて、ほほ笑まれたまふ。（末摘花巻　①二九六―七頁）

古くからしばしば絵画化されてよく知られた場面である。源氏が口ずさむ「幼き者は形蔽れず」（傍線部分）は『白氏文集』巻二・秦中吟・重賦に拠るもので、税吏の厳しい取り立てに苦しむ窮民の姿に同情を寄せたものである。源氏は貧しい門番の翁が門を開けることもできないほど衰えてその娘か孫らしい、みすぼらしい身なりの女が出てきて加勢をするのに同情したのであった。この前後の『源氏物語』の表現は菅原道真『菅家文草』の連作「寒草十首」との関係が指摘されており、その道真の詩には『白氏文集』の影響があることはすでによく知られているが、『源氏物語』は、そこで採り上げられている「孤独な老人」や「浮浪者」「孤児」、その他、冬の寒さがこたえる「水夫」といった労働者など下層の人々の貧窮のさまを詠んだ詩に想を得ているのである。(7)

いずれにしても紫式部は中国文学やこれを受容した日本の漢文学の影響によって、従来の仮名日記には見られなかった貴族社会の外側からの視点、あるいは社会的な広がりを持った視点を得ることができたのである。

このように日本の外側から見る視点が『源氏物語』の中に顕著にあらわれる例をもうひとつ挙げておこう。それは薄雲巻で藤壺が亡くなった後、冷泉帝が自らの出生の秘密を知るくだりである。冷泉帝は真相を王命婦に聞くか光源氏その人に皇統乱脈の例があったのかどうか問うてみたいと思うがそれもできず、結局は漢学を中心とする学問にその答えを求めようとする。

いよいよ御学問をせさせたまひつつさまざまの書どもを御覧ずるに、唐土には、顕れても忍びても乱りがはしきこと多かりけり。日本には、さらに御覧じうるところなし。たとひあらむにても、かやうに忍びたらむことをば、いかでか伝へ知るやうのあらむとする。（薄雲巻　②四五五頁）

このように国内の皇統乱脈の例を調べるために中国の書物に照らして考えるのだが、中国の書物には乱脈の例が数多く載っているのに対して国内の書物にはそのような例は見出せない。そこで冷泉帝は、国内の書物においては実際にはあったとしても秘密のこととされて伏せられたままになっているのだという考えに至る。婉曲的な言い方ではあるが、乱脈の事実は中国の文献には沢山見受けられるから、日本においてもそのような前例がなかったとは言えないと結論づけるのである。

ここで重要なのは日本の歴史を知るために漢籍をひもといているという点である。『源氏物語』は国内のことを判断するためには、外国の書物を学ばなければならないとするのである。

このような考え方は漢籍に精通していた紫式部が外の視点から日本を見、捉えることができたことに由来する。漢籍という外国の学問は日本の中の貴族階級という狭い社会の扉を開き、「われ」を広い世界へと誘ってくれるのであり、それこそが新たな「われ」の視座を生み出す条件となった。

4．物語への架橋―夕顔巻の一挿話を例に

『紫式部日記』は複合的な視点による叙述スタイルの外に物語への架橋を示す点に特色がある。前節で述べた駕輿丁の挿話は末摘花邸の門番の話に活かされているのだが、さらにもう一例、冒頭近くで「われ」を導き出す契機となった道長との応答場面もまた同様だと考えられる。

道長は早朝に紫式部の局を訪れて女郎花を一枝、挿し入れた。この条は夕顔巻で源氏が六条御息所を訪ねた翌朝の描写に活かされていると思われる。朝の庭には朝顔の花が咲いていた。それを侍童が折って源氏に届けるのだが、源氏は御息所の女房である中将の君に対して歌を詠む。「美しく咲くあなたに心を移したという噂が立つのは隠したいところだけれども、このまま手折らずに（あなたを自分のものにしないで）帰ってしまうのは心残りな今朝の朝顔の花であることよ」といった内容であった。すると、中将の君は「朝霧が晴れてくる間も待ってくださらずお帰りになるのは、本当は花に心を止めてはいらっしゃらないとお見受けいたします」という歌で応じた。その場面は、次のように描かれている。

廊の方へおはするに、中将の君、御供に参る。紫苑色のをりにあひたる、羅《うすもの》の裳あざやかにひき結ひたる腰つき、たをやかになまめきたり。見返りたまひて、隅の間の高欄にしばしひき据ゑたまへり。うちとけたらぬもてなし、（ア）髪の下り端めざましくもと見たまふ。

「咲く花にうつるてふ名はつつめども折らで過ぎうきけさの朝顔（源氏）

いかがすべき」とて、手をとらへたまへれば、いと馴れて、とく、

「朝霧の晴れ間も待たぬけしきにて花に心をとめぬとぞみる（中将の君）

と公事にぞ聞こえなす。（イ）（夕顔巻　①一四七―八頁）

中将の君のふるまい方は、女房として理想的である。自分が仕える女主人・六条御息所の許に通って来る源氏が手を握って自分に言い寄る歌を詠みかけた時、彼女は「うちとけたらぬもてなし」（傍線部分（ア））、つまり手を握られても全く隙を見せず、誘いかける歌を投げかけられても、その返歌は「公事（おおやけごと）」（傍線部分（イ））として受け止めるのである。即ち源氏の自分への懸想をあえて女主人である六条御息所に向けられたものとして機転をきかせ、美しい朝顔の花を自分ではなく御息所に宛てられた歌に転換したのであった。

源氏の自分への懸想を主人である御息所への懸想へと変換してしまう中将の君の態度は、実に気が利いていて、女房としての役割を心得た絶妙な対応である。女主人にとっては最高の女房だといえよう。

『紫式部日記』には、同じ邸内に道長の正妻が住んでおり九月九日の重陽の節句に、その正妻・倫子

から菊の贈り物が届く条がある。すでに述べたように日記の冒頭近くには早朝、道長が紫式部の局を訪れて女郎花の花を挿し入れて歌の贈答をしているから、女主人のいる邸宅で女房に花を贈っている点で右の夕顔巻の場面と類似する。紫式部が実際に体験して日記に書き付けた道長とのやり取りを『源氏物語』にも活かしたものと推測される。

ただし日記と物語では、それぞれの女房像は異なっている。日記においては自分がいかに道長と親密な関係にあるかを印象づけるのだが、歌のやりとりでは道長に対してさらなる庇護を求めているかのような内容になっている。しかし物語の方では女房は決して源氏の誘いに乗ることはない。あくまでも女主人・六条御息所を立てる、賢明なあるべき女房の姿を描く。現実の紫式部は道長に物語の女房のように接するのは難しい面もあったであろう。だからこそ物語というフィクションの中で理想的な女房像を創造したのかもしれない。

だが、いずれにしても、ここには体験をもとにした日記を物語へと架橋するあり方の一端があらわれており、事実を物語の状況に活かす方法の一端をかいま見ることができる。ただ、もし物語の女房が理想的な姿なのだとしたら、日記に描く自分は道長に媚びる姿を示していることにもなり、そこには権力者とこのような形で交わらなければならない紫式部の葛藤がのぞいているという見方もできるのかも知れない。そのようなところにも、駕輿丁に共感を寄せる紫式部の心情が認められるようにも思われる。

5．まとめ

『紫式部日記』には、次のような特色がある。まず権力者・道長との親密な「われ」を前面に出すことによって日記の執筆者としての「われ」が鮮明に押し出される。そして、このような「われ」を基盤にして日記には儀礼的な記録はもちろんのこと、全く私的な経験や感懐も区別せずに記し、女房としての「われ」と個人的な「われ」の目と心が交錯しつつ叙述されるという独特のスタイルを創っている。

だが「われ」を単に個人的な、あるいは宮仕えして権力者の庇護を受ける存在としてのみ位置づけたわけではなく、他者を媒介にする賤しい身分の者への眼差しによって、「われ」は貴族社会を突き抜けた広い社会への視座を獲得している。それは漢籍という外国の学問によって日本社会を外から見る視点を得ることと繋がっており、『源氏物語』においては貧しい老人などに対する同情と共感という形で盛り込まれ、厚みのある幅広い物語世界の一角を担っている。この外にも、日記に記された体験を援用したであろうと考えられる女房としての挿話などもあり、日頃の思いや経験が日記に記され、それらが物語創作に活かされていることがうかがわれる。日記は、このような複眼的な描写によって多彩な人間模様を構成すると共にそれぞれの心理と個人的感性によるその心理を描き、物語への架橋の役割を果たしているのである。

二　『とはずがたり』の視点――物語からの架橋

1．「われ」の日記・「われ」の人生――一人称の日記として

『とはずがたり』は文永八年（一二七一）元旦から嘉元四年（一三〇六）まで、作者である後深草院二条（以下、二条あるいは作者と呼ぶ）一四歳から四九歳に至る三六年間の歩みを振り返った日記である。前半は後深草院の宮廷（御所・後宮）で過ごし、院の寵愛を受けながらも複数の男性との関係を結ぶ生活が綴られるが、後半は一転して宮廷を出て出家した作者が関東や西国への旅をする紀行文的な内容になっている。前半部分は後深草院からの寵愛と同時進行する院の実弟たちや上流貴族たちとの性愛も含めた宮廷生活を赤裸々に描くため、かつては「愛欲編」などとも呼ばれた。

後半部分は尼姿となった作者が関東や西国へと旅をする、当時としては壮大なスケールの紀行文の体裁を持ち、前編・後編それぞれにきわめて強烈な個性を発揮する作品として日本文学史上、異彩を放っている。

「われ」の半生を振り返るのは『蜻蛉日記』以来の日記文学の伝統であるが、『とはずがたり』の語り方で注目されるのは、冒頭を飾る一文に「われ」が置かれているということである。

呉竹の一夜に春の立つ霞、今朝しも待ち出でがほに、花を折り、匂ひを争ひて並み居たれば、我も

人並々にさし出でたり。（一九五頁）

平安時代の日記が三人称で始まるのに対して、ここでは自分自身の人生について記すのだという意思が明確に示されており、従来の日記の形式とは異なるスタイルを持ち、現代の自伝や「自分史」とほとんど変わらないという印象を与える。『紫式部日記』の場合も冒頭近くに「わが朝がほ」という表現を置いて「われ」を示すのだが、書き出しは土御門邸の庭の様子が第三者の視点とも取れるような描写から始まるため、最初は果たして誰が、どのような視点から書いているのか判然としない。これに対して『とはずがたり』の冒頭の一文には「われ」が明確に示されており、この日記が「われ」に立脚することを宣言するような効果を発揮している。語られる内容も実際に経験しなければ書けないと思われる具体的で衝撃的な話が多く、まさしく作者独自の「われ」の日記であり、「われ」の人生の軌跡としてのリアリティを感じさせる。

この日記は作者・二条の一四歳の元旦、後深草院と二条の父大納言雅忠が彼女を院の後宮に入れる密約を交わすところから始まる。だが二条には院と父が何を話しているのかわからない。彼女はすでに青年貴族「雪の曙」（西園寺実兼）と慕情を交わし合っていたが、正月半ばに作者の実家に行幸した院によって愛人にされてしまう。その後、院の皇子を出産したものの院の女房という待遇は変わらないままで、しかも后である東二条院は二条の存在を快く思っていなかった。翌年一五歳になった作者は父を病で亡くし、すでに二歳で母に死別している彼女は孤独な身の上となる。そんな父の喪に服している作者の許に「雪の曙」が忍んで来て愛情を訴えたため、その熱烈な求愛を拒みきれずに忍び逢いを続け、ついにその子を身ごもってしまう。院には重病と偽って里下がりして「雪の曙」が付き添って女子を産んだが、産み落とすとすぐにその赤ん坊は「雪の曙」がどこへとも知れず抱き去った。院には流産だったと報告するが、この翌年には、院との間に前年生まれた皇子が夭折するなど十五歳前後の二条にとっては波瀾万丈の人生の幕開けとなった。

この波乱に満ちた出来事の中でも作者が後深草院に隠れて初恋の人「雪の曙」との子を出産する場面はとりわけ緊迫感に満ちている。産気づいた夜更け、二条は恋人の袖にすがりついて出産する。恋人は産気づいた時からなにくれと世話をして、無事に産み落とすと「重湯を早く差し上げるように」と指図をしたりしてわずかに控えている侍女たちを感心させている。

灯ともすほどよりは、ことのほかに近づきておぼゆれども、ことさら弦打などもせず、ただ衣の下ばかりにてひとり悲しみ居たるに、深き鐘の聞こゆるほどにや、余り堪えへがたくや、起き上がるに、「いでや、腰とかを抱くなるに、さやうのことがなきゆゑに滞るか。いかに抱くべきことぞ」とてかき起こさるる袖に取りつきて、事なく生れたまひぬ。まづ「あなうれし」とて、「重湯、とく」など言はるるこそ、いつならひけることぞと、心知るどちはあはれがりはべりしか。

（二五八―九頁）

傍線部で示したように、陣痛の痛みに耐えられずに起き上ったところ、密通の相手である「雪の曙」が「腰を抱かないから、なかなか生まれないのか」と焦っている言葉を直接話法で記し、さらにはかき起こしてくれた彼の袖に取りすがってお産するなど、会話や行動が短い表現の積み重ねによって現在進行形で描かれるため、まるで目の前で繰り広げられているかのような臨場感がある。出産をこのように具体的に描くのは、それまでの古典文学には全く見られなかった。但し『源氏物語』は葵上の出産場面を次のように描いている。

宮の御湯持て寄せたまへるに、かき起こされたまひて、ほどなく生まれたまひぬ。

（葵巻　②四一頁）

葵上は「かき起こされ」（傍線部分）て出産しているから『とはずがたり』がこの場面を念頭に置くのは明らかだが、葵上が受身の形で描かれるのに対して二条は男の「袖に取りつきて」出産しており、きわめて動的な場面になっているのがわかる。『とはずがたり』の場合は静止した「姿」や受動的な動作ではなく、短いが能動的で緊張感に満ちた場面になっている。後深草院の寵愛を受けながら別の男性の子を身ごもり、しかもその密通相手と秘密裏にお産をするという極めて異常な状況に向かい合わなければならなかったことが、「腰を抱くとかや」といった直接話法の会話から生々しく伝わってくるのである。「雪の曙」というお産の現場など全く知らない青年貴族が、戸惑いながらも懸命に行動していく様子は、考えたり立ち止まったりする余裕など全くない緊迫した状況を活き活きと伝えている。身体的表現やごく短い会話を連ねて刻々と変化する状況を伝え、行動そのものが前面に押し出される表現の積み重ねになっている描写に特色がある。

「雪の曙」と称されるこの恋人は三条西実兼という実在の人物で、後に太政大臣の地位に就くものの、この当時はまだ若く後深草院に近侍する立場にあった。つまり二条は院に寵愛されながら、院の近臣と道ならぬ関係に陥り、その間に子を設けたのである。実在の人物たちの間で繰り広げられるこのような出産の場面は、作者と「雪の曙」という当事者しか知り得ない事実を描く一種のドキュメンタリーとしても興味深い。

ただし結論めいたことを言えば、この作品は日記の体裁をとりつつも『源氏物語』の枠組みをその構成に最大限に活用して成立している。回想によって自分史を書くのは『蜻蛉日記』以来の伝統だが、『とはずがたり』の場合は自分の半生を虚実ないまぜにして物語化するところに「物語から日記へ」の架橋を成し遂げ、迫真性に富んだ独特の世界を築くのである。

2.「われ」の重層性――『源氏物語』の女君たち・「女西行」・「女源氏」

①紫上・女三の宮としての「われ」

自らの体験を実録的に活き活きと描写する『とはずがたり』だが、「われ」を語るには自身が「われ」に対してどのようなイメージを抱き、どのような自分を描きたいのかということを核として、事実はその自己イメージに沿って再構成される。『紫式部日記』においては自己を道長に親しい存在として印象づける一方で漢籍など外国の学問に基づく眼によって貴族以外の底辺の人々への視線と共感を持ち、複眼的な立ち位置が示されていた。

では『とはずがたり』はどうであろうか。まず前半の宮廷編には『源氏物語』の影響が明らかである。二条は自身を若紫になぞらえているが、それはもっともなことで、彼女は四歳の時から後深草院の許で養育され、一四歳の時に院の寵愛を受けるようになった。しかも院に最初に性の手ほどきをしたのが作者・二条の母で大納言典侍であり、彼女が亡くなったために二条はそのゆかりの人として院に引き取られたのであった。それは光源氏が藤壺の代わりに若紫を迎えたのとよく似ている。二条が生きた時代は宮廷そのものが『源氏物語』への憧憬を深め、これにちなんださまざまな行事や文化が花開いた時代であった。後深草院の父帝である後嵯峨院の後宮では『風葉和歌集』という『源氏物語』などの物語歌を集めた歌集が編纂され、また後深草院の後宮でも『とはずがたり』に描かれるように『源氏物語』に描かれた「女楽」の場面を再現する催しが行われたりしているから、後深草院自身も光源氏を模倣したものと思われる。『とはずがたり』は、このような環境の中で作者・二条が一四歳の正月に実家に帰っていたところに院が行幸して寵愛を受けるところから始まる。これについては院と父親とが密かに約束を交わしており、本人は何も知らなかったために非常にショックを受けるのだが、このあたりも若紫が新枕が突然だったことでなかなかその事態を受け入れられなかった場面を意識しているであろう。ただ二条は実際に母親を早くに亡くして幼い頃から院に引き取られて養育されているため、自分を若紫になぞらえるのはごく自然なことであったといえよう。

しかし周囲もそのように見ていたわけではない。前述したように後深草院の後宮で「女楽」の催しがなされた時、琵琶を弾くように言われた二条はこれを拒否して、この催しを台無しにしてしまう。『源氏物語』では琵琶は明石君が担当するため、プライドの高い作者は地方出身で受領階級の娘である明石君の役を演ずることを潔しとしなかったのである。

このように二条は自分では若紫になぞらえているものの、周囲からそれを認められているわけではなかった。ここに「われ」の描く自己イメージと周囲の持つ認識に大きなずれがあった。

さらに二条は自身を若紫だけでなく女三の宮にもなぞらえている。後述するように自分が名流の生まれであることに加えて、寵愛を受けつつ父親のように庇護してくれる存在でもある後深草院を裏切って「雪の曙」という青年貴族との間に不義の子を出産する点で柏木と密通した女三の宮になぞらえたのであろう。つまり『とはずがたり』の前編には『源氏物語』の女君たち、特に紫上と女三の宮というヒロインたちを意識する「われ」が描かれている。このような自己イメージは二条の実体験とプライドの高さに由来するが、理由はそれだけにとどまらない。

②後深草院との宿縁

後編で作者は関東や西国にまで足を延ばし、たびたび都の外へ出て地方の人々と積極的に交流している。そこには宮廷で男性貴族たちと次々に恋をしていた作者とは全く異なる姿が描かれており、その旅の軌跡はまさしく「女西行」と称されるにふさわしい。前編ですでに西行に対するあこがれを抱いていた二条だが、後編ではこれを実行し、跋文にも西行の名を記しとどめている。

だが、後編には旅以外にも注目すべき記述がある。それは節目節目で後深草院との邂逅が描かれるという点である。後深草院の正妃である東二条院によって追われるように御所を出た二条であったが、鎌倉まで旅をした翌年、お参りした石清水八幡宮で出家姿の後深草院と再会して一夜を過ごしている。この時、院は作者に形見として小袖を与えた。さらに翌年には手引きする人がいて伏見の御所に参上し、秋の夜長を語り明かしている。この時、院は作者が御所を出た後も多くの男たちと契りを交わしたのではないかと疑ったが、そのようなことはなかったと誓いを立てたところ、その答えに満足した院は見舞いの品を与えている（巻四、二条は三十代）。

四十代後半について記す最終章の巻五では、二条は西国への旅を決行し帰洛して主として奈良に住んでいるが、後深草院が病気だと聞くと石清水八幡宮に参籠して自分の命に代えて院の回復を祈り、さらに西園寺実兼（若い頃の恋人で密通の相手である「雪の曙」）の計らいで院を見舞っている。しかしその祈りもむなしく院が崩御すると、二条はその葬列を裸足で追った。また院の四十九日の追善法要の際には院を追慕し、母の形見の手箱を手放して仏事供養をしている。

そして院の一周忌の折には父の形見を手放して院を供養し、さらに院の三回忌には亡き院の肖像画を拝し、亡き院の法華賛美を聴いて涙にくれる。この場面で『とはずがたり』は幕を閉じるのである。

このように後編では関東への旅の後に後深草院との邂逅が描かれ（巻四）、西国への旅の後にも院の崩御とその供養が記されている（巻五）。つまり東国への旅および西国への旅と後深草院の記事はそれぞれ一対ずつのセットとして置かれるという構成になっている。ゆえに後編は単なる紀行文ではない。院の崩御の折には葬送の列を裸足で追い、一周忌の追善をし、最後に三回忌の供養で擱筆されるということは、この日記が後深草院の鎮魂のために書かれたことを物語っている。

作者は跋文にも、

深草の帝は御隠れの後、かこつべき御事どもも跡絶え果てたる心地してはべりしに（五三三頁）

として、後深草院が亡くなってしまった今となってはもう何も言うことなどないが、「宿願」の行く末がおぼつかなく我が身の有様をひとりで思いつつ問わず語りをするのだと記す。そこには那智で夢に見た院の面影が現実のことのように思い併せられることも記し、これに続けて「宿願」のことが気がかりだとしている。後深草院の崩御が日記執筆の契機として強く働いているのは明らかである。即ちこの『とはずがたり』という作品は前編の宮廷編・後編の紀行編とでは全く対照的な内容が語られるが、全体の構図として見た場合、ひとつの大きなテーマに貫かれていると考えられるのである。

では前編と後編とは、どのようにつながるのか、もう少し詳しくみていくことにしよう。二条は四歳の時から後深草院に養育され十四歳で新枕のことがあり、その後、恋人との密通や宮廷内での複数の貴族たちとの性愛や出産など三十代までさまざまなことを経験するが、それはすべて後深草院を中心とする御所での出来事であった。後編では旅から帰ると院との邂逅があり、崩御の後は葬送と供養を描いているが、このような後編は前編の存在ゆえに重みを持つのである。二条にとって四歳から三十代までの人生は後深草院なくしては考えられない。いわば自身の人生の土台であるからこそ、後編での院との邂逅とその崩御、供養は作者にとって特別な意味を持つのである。対照的な前編・後編だが、一概に愛欲編・紀行編として二分できない緊密な関係性がある。そもそも『とはずがたり』は院に引き取られる場面から始まり、院の崩御と供養の記事によって終わっている。この日記が院と新枕を交わす十四歳の正月から始まって院の三回忌で幕を閉じるのは、初めから終わりまで院との逃れ難い縁を描く目的でなされたことを物語っている。二条の半生は出家前も後も院の存在を措いて語ることは不可能なのであり、それこそがこの作品の全体にわたるテーマだったのだといえよう。

③名流久我家の曽祖父・土御門内大臣源通親の末裔としての家系意識

作者が後深草院との関係を軸にして語ることの理由はほかにもある。二条は村上源氏の流れを汲む名門久我家の出身で、曾祖父は七代の天皇に仕えた屈指の政治家・内大臣土御門通親である。通親は文筆の才にも恵まれ、高倉院の近臣として和歌を詠み込んだ仮名日記を著している。厳島に付き従った折の『厳島御幸記』、また院の崩御に際しては『高倉院升遐記』を著しており、そこには院の高位の近臣としての忠誠心があふれている。

二条は、この曾祖父の存在を強く意識していた。西国へ出立する際には『とはずがたり』巻五の冒頭に『厳島御幸記』を念頭に置いて叙述している。自身の家系にプライドを持っていた二条は『とはずがたり』を『高倉院升遐記』になぞらえて女の側から描くいわば『後深草院升遐記』とした可能性が高い。曾祖父が内大臣として高倉院に仕え、その鎮魂の仮名日記を著したように、二条は幼時より後深草院に仕えて寵愛された。結局は御所を出て出家することになったものの、それでもなお後深草院との縁が途切れることはなかった。院は二条と会う機会があると一晩中語り明かして男女関係を尋ねたり小袖や見舞いの品を与えたりするのであって、作者と院とは特別な縁で結ばれた特別な関係を持続させていた。『とはずがたり』という作品は前編は院の側に近侍した時代を対象とし、後編は御所を出て院の許を離れるが、それでも交流が絶えることはなく崩御にあたっては全身全霊を以て院を鎮魂する作者の姿を記している。それは後深草院という「王者」との緊密な関係を描くことによって曾祖父・通親の『高倉院升遐記』のいわば女性版としての性格を帯びるのである。曾祖父・通親が高倉院に近侍して忠誠を尽くし、その崩御を悼む仮名日記を残したように、二条もまた自身の半生を曾祖父の存在になぞらえたのではなかろうか。

ここで再び『とはずがたり』の跋文を想い起こしたい。そこには院が崩御したので、もう何も語ることはないが「宿願」があるので、この日記をしたためたのだとしていた。「宿願」については具体的には示されていないが、作者は父の形見まで手放して院の三回忌を済ませて供養している。ではこれ以上、何が「宿願」としてあったのか。跋文には、去年の三月八日、人丸の御影供を勤めたりしに、今年の同じ月日、御幸に会ひたるも不思議に、見しむばたまの御面影も、うつつに思ひ合はせられて、さても宿願の行く末いかがなりゆかむとおぼつかなく（以下略）

とあるから、人丸影供をした時に院の内親王遊義門院と偶然にも出会ったことと、那智で院の夢を見たことがまるで現実のことのように思われて「宿願」の結果がどうしても気になるということも記しており、いずれも後深草院と密接に関連している。だとすれば「いたづらごと」を書き留めたものであって「後の形見」などとは到底、思えないとするこの日記こそ、院との形見として後世に残したいのではなかろうか。生涯にわたって忘れ難い院との結びつきをその崩御を悼み追慕する仮名日記として残すことは曾祖父・内大臣通親の後を襲うことをも意味していた。それを果たした時、作者の人生は完成するのであり、だからこそ三年忌の供養をするところで擱筆されているのではなかろうか。

なお二条は事あるごとに石清水八幡宮に詣でているが、それも源氏が信仰する氏神だったからである。源氏という家系、特に曾祖父・土御門通親という文筆にすぐれ高倉院の近臣として院の崩御を哀悼する見事な仮名日記を草した曾祖父の顰みにならい、これを後世に伝えることこそが宿願につながるのだと考えたい。それによって二条は後深草院という「王者」に寵愛された者としての、また曾祖父の源氏・久我家の家系に連なる者としての誇りを取り戻すことができた。それは「われ」という存在を家系という貴族社会における歴史に位置づける営為なのであった。

④「女西行」・「女源氏」の心性

二条は「われ」を家系意識に基づき曾祖父の事跡になぞらえることによって現実の歴史に位置づけようとしたが、同時に自ら跋文に記しているように「西行」への憧れもあって、その跡を慕って讃岐の白峰を訪ねるなど出家後の日記の後半部分は、漂泊の旅を重ねて歌を詠んだ西行を引き合いに出している。つまり二条は自身を『源氏物語』の紫上や女三の宮に重ねていたが、家系意識や旅、及び和歌や文筆などの部分では曾祖父や西行といった男性の日記作者や修行の旅を重ねた著名な歌人に自らをなぞらえているのである。つまり作者は「われ」を物語的には女君たちに擬しているが、現実的にはすぐれた業績を残した男性たちに重ねているわけで、その心性は男女両性にわたっていることになる。

では二条は『源氏物語』に自己イメージを求めるにあたって、果たして紫上・女三の宮といった女君たちだけに焦点を当てたのであろうか。二条の行動を振り返ってみよう。彼女は前編では後深草院の寵愛を受けながら複数の貴族や院の兄弟たち（亀山院・「有明の月」即ち性助法親王）とも同時進行の性愛関係を持った。それゆえに前編はしばしば「懺悔」がそのテーマなのだとされてきたのであった。

もし「懺悔」だったとしても、そのような二条の行為は紫上や女三の宮とは全くレベルが異なると言わなければならない。紫上・女三の宮の場合は、前者は源氏によって二条院に連れ去られて死ぬまで源氏の生活圏内で生きていかなければならなかったし、後者もまた密通したとは言え、自らの意思によるのではなく侍女の手引きによって不可抗力のような形でそのような事態となった。女三の宮が出家の意思を強く持つ点だけは主体的ではあったものの、それも源氏の嫌みに堪えかねた面があり、出家後も源氏の庇護下にあったことを考えると、物語の女君たちはきわめて受動的で、男性によって左右される人生であった。これに対して二条の行動力には目を見張るものがある。紫上・女三の宮とは状況が異なるにせよ、このふたりの女君と二条の大胆な行動力及び実行力との間にはかなりの懸隔がある。二条のそれは『源氏物語』の女君たちから大きく逸脱するのである。

だがそれでも『源氏物語』は深く『とはずがたり』という作品に根を下ろしている。それは二条自身が光源氏その人に重ねられていると考えられるからである。源氏はさまざまな女君と関係を持ったが、「懺悔」などした形跡は全くない。一方、二条は多くの恋人の中で最終的に後深草院だけが自分の最も愛する人であったことを示そうとしている。特に葬送の列を裸足で追うという感動的な描写(8)や一回忌と三回忌を母と父の形見を手放してまで供養し、それらの供養を以て日記を終えるのは、冒頭の院との新枕とみごとに対応する。そして最も大切な人を哀悼するのは曾祖父の仮名日記の例に倣うものであったが、このような追悼のあり方は『源氏物語』幻巻を想起させる。幻巻は紫上の死後、一年間の喪に服す源氏の姿を一月から十二月まで毎月の月並屏風のように描く。そして、源氏がどれほど紫上の死を悼んでいるかが描かれ、源氏自身のその後は描かれることはない。一年の間、紫上を追悼して源氏の人生はここで幕が下ろされるのである。

『とはずがたり』の構成もこれと同様で、光源氏は多くの恋を経験するが最終的には亡くなった紫上を追慕し続けて彼の人生は閉じられる。源氏の紫上追慕がいかに深いものであったか、幻巻がすべて亡き紫上の追悼に費やされている点に端的に示されている。一月から一二月までの一年間という時間のすべてが紫上を偲びつつ紫上の哀悼に捧げられたのを描くのに対して『とはずがたり』の方は『源氏物語』幻巻の一年間に相当するものとして葬送と四十九日、一回忌、三回忌という区切りの時に、いかに院を追慕しているか、それは母よりも父よりも誰よりも大切な存在だったかを繰り返し描いて終わっている。

つまり両者は共に幾多の恋を経験したが、最終的には最愛の人ひとりを追慕し哀悼する姿を描いており、本人の死は描かないという構成になっているのである。その意味で『とはずがたり』は自分自身を光源氏その人のありかたになぞらえているといえよう。二条は幻巻で一年間喪に服した源氏のありかたを葬送の列を裸足で追い、一年忌、三年忌を父母の形見まで手放して供養する「われ」の姿を光源氏に重ねたのだと考えられる。

そこには過去の異性関係を「懺悔」する意識など微塵もない。ただひたすらに最愛の人を哀悼し供養する自分を描くことがこの作品のテーマになっている。『源氏物語』がそうであるように幾多の恋があったからこそ、最終的にはただひとりのひとだけを愛し追慕することによって、その愛は純化され重みを増すのである。『源氏物語』も『とはずがたり』も、それぞれ紫上と後深草院をそのような唯一無二の存在として位置づけている。二条は、このようにして女源氏としての「われ」を創り上げたのではなかったか。

そもそも彼女は現実の家系上でも源通親を曾祖父に持つ正真正銘の女源氏であり、曾祖父通親が院に近侍してその崩御を悼む仮名日記を遺したように後深草院を哀悼する仮名日記を著したのだと考えることができる。

すでにふれたように、二条は寵愛されるだけでなく恋人と密通したり当時の貴族出身の女性としては信じられないスケールで諸国を旅したりしている。そのような二条にとって紫上や女三の宮のように一生を源氏や父院の庇護の下に生きた女君と引き比べても物足りなかったであろうことは想像に難くない。二条の行動や心性には男性的な要素がある。だが、それは決して荒唐無稽なことではなく名実共に「女源氏」だったからこそ発想し得たのであろう。

なお中世という時代は、二条に限らず貴族女性が旅をしたり社会的な行動をする時代であった。阿仏尼の『十六夜日記』は訴訟のために鎌倉に下る女性の旅日記としてよく知られている。このような女性たちが現れたことは中世という時代の際立った特色であり、二条もまたそのような時代の空気の中で育まれたのであった。

また、たとえば院政期（平安後期）には、『とりかへばや物語』という男女が入れ替わる物語が書かれている。性の転換や両性具有といった発想がすでにあったことがわかる(9)。このような意識に加えて傑出した行動力を発揮した二条であってみれば、たとえ女の身であっても自身を曾祖父や光源氏になぞらえるのは決して突飛なことではなかった。二条は「女源氏」としての「われ」を現実の源氏の家系と『源氏物語』との双方に位置づけることによって、「われ」をドラマティックに造型すると共に実録としてのリアリティを付与するのに成功しているといえよう。このようにして物語の枠組みが発揮される効果と曾祖父の作品との交響によって虚実ないまぜになった見事な「われ」が構築されるのである。

3. まとめ

『とはずがたり』は「われ」を『源氏物語』の紫上や女三の宮になぞらえているが、作者の行動力とスケールの大きさは、これらの女君たちから大きくはみ出してしまう。この作品はむしろ光源氏が最終的に最愛の人としての紫上をひたすらに追慕し供養する愛の形を示すものとして捉え、『源氏物語』の枠組みを活かしつつ光源氏その人に二条自身をなぞらえた構成になっている。このような物語の枠組みこそが『とはずがたり』の構造とテーマを支えているのであって、「物語からの架橋」は、ここにみごとに活かされ、示されている。と同時に二条の曾祖父もまた源氏であり、しかも高倉院の近臣として、その崩御を悼む仮名日記を残していることから、この尊敬すべき先祖に倣いつつ、実体験を盛り込み脚色してリアリティを巧みに付与することによって、物語の枠組みが曾祖父の作品やその家系意識を基盤としてさらに強化される。「物語からの架橋」を歴史的事実が支える構造がここにはある。

おわりに

『紫式部日記』は『源氏物語』への架橋として「われ」と第三者の視点を複合的に記すのに対し、『とはずがたり』は『源氏物語』を枠組みとしつつ現実の曾祖父の日記の世界によって裏打ちしつつ「われ」の自己イメージを創り上げていく。その点で、ふたつの日記は逆のベクトルを示すのだが、「われ」を現実の共同体あるいは虚構をもちいて位置づける行為とはいったい何を意味するのであろうか。それは「われ」がこの世で生きた証しを見出し確認する営為に外ならない。その意味では現代の「自分史」と変わるところはないのだが、ただ決定的に異なるのは虚構の手法を導入する点である。この時代に確かに実存する「われ」と、かくあるべき「われ」への果てしない往還の運動とその軌跡が古代・中世の仮名日記と『源氏物語』との関係にあらわれている。「われ」をどのようにとらえ、どのように語るかは、書く主体だけでなく、その主体が生きた時代や社会といった歴史的な条件から全面的に乖離することはできない。その意味で、ここに挙げたふたつの日記は「われ」の語りを通じて、彼女たちの生きた時代を虚構も含めて、と言うより虚構によってこそ個人と時代との関係性をきわめてリアルに、しかも象徴的に浮かび上がらせるのである。

(1) これらの作品の冒頭は「人」で始まっており、また『和泉式部日記』は一貫して「女」という三人称を用いている。
(2)『建礼門院右京大夫集』(一一八八年あるいは一二三一年成立)は冒頭近くから「われ」という表現を用いて語り始める歌日記的な作品として注目される。
(3) 天皇や国家に大事のある時に行われる大がかりな修法。五つの壇を設けそれぞれ不動、金剛夜叉などの明王を安置して祈祷する。
(4) 中野幸一「女流文学における『紫式部日記』の位置」『和泉式部日記　紫式部日記』女流日記文学講座第三巻、勉誠社、一九九一年。

（5）池浩三『源氏物語―その住まいの世界―』中央公論美術出版、一九八九年、一八七頁。

（6）橋姫巻においても、薫が宇治川を芝を積んで行き来して労働する者に対して、よく似た感想を抱くことが記されている。（「あやしき舟どもに柴刈り積み、おのおの何となき世の営みどもに行きかふさまどもの、はかなき水の上に浮かびたる、誰も思へば同じごとなる世の常なさなり。我は浮かばず、玉の台の静けき身と思ふべきかはと思ひつづけらるる。」『源氏物語』⑤一四九頁）

（7）『源氏物語』①「漢籍・史書・仏典引用一覧」二九六・一五（四四七頁参照）。

（8）葬送の列を裸足で追うのは、大津皇子が謀反の疑いをかけられて死を賜った時、その妃山辺皇女が髪を振り乱し素足のまま走って後を追って殉死したとされる悲劇的な事件（日本書紀持統天皇称制前紀一〇年一〇月）を想起させる。二条の行動は、この山辺皇女の行動を模倣したか、あるいは院に対する自身の痛切な思いをフィクションとしてこのように象ってドラマティックな場面として描き出した可能性がある。

（9）中世には、これ以外にも男装する女性や性を越境する物語・物語絵巻が創作されている。鎌倉時代初期に成立した『有明の別れ』も男装の姫君が主人公となっており、さらに中世に多く作られた短編の物語絵巻のひとつである『新蔵人』絵巻の女主人公は途中で男装が見破られても、生涯、異性装を貫くという特異な内容を持つ。この女主人公は女性だとわかってしまっても男装のままで帝と性的関係を続け、その後、帝の寵愛を失って出家する時にも本来の性に戻ることはなかった。この絵巻の冒頭で女主人公は「私は男になって走り歩きたい」（あこはただ男になりてぞ走り歩きたき）という科白を吐き、両親もその思いを肯定的に受け止めている。その詳しい内容と解説については、阿部泰郎監修『『新蔵人』絵巻の世界　室町時代の少女革命』（笠間書院、二〇一四年）を参照されたい。なお木村朗子は、この『新蔵人』という作品においてセックスとジェンダー、セクシュアリティの首尾一貫性の解体が達成されていると説く（『恋する物語のホモセクシュアリティ　宮廷社会と権力』青土社、二〇〇八年）。

〔付記〕

『とはずがたり』が「女源氏」を演じていることについては、久富木原「日記紀行文学の諸相」『岩波講座日本文学史』第五巻（一三・一四世紀の文学）、一九九七年においてすでに述べた。

『紫式部日記』『とはずがたり』の本文は新編日本古典文学全集による。『源氏物語』の本文も同全集により、該当箇所の巻次を丸数字で揚げると共に頁数を示した。

第七章　日記と和歌
――『中務内侍日記』を例に

阿尾あすか

はじめに

古代から中世の日記文化において、男性官人の日記とは別に、宮廷の女房を中心とした女流日記の伝統があったことは自明のことである。記録である漢文日記とは違い、女流日記は仮名書きによって、筆者の心に残った出来事やその作品の主題に沿った内容を書くのが中心であり、「文字どおりの日次の記ではなく、忘れえぬことどもを記した回想の記であり、忘れ形見であって、書かずにはいられない衝動にかられて書いた不問語である」[1]。中世になると女流日記は記録性を強めてゆくが、一方で平安時代からの回想録的要素も保持し続ける。女流日記を「日記」とは異質のものとしている要素の一つは、歌語を多用した文飾や、和歌が多く書きとめられていることにあろう。日記によっては、和歌を中心に展開していくものもあり、私家集ときわめて近似した性質のものもある[2]。

記録と和歌は女流日記でどのように併存し、独自の世界を形づくっているのか。和歌は女流日記においてどのような役割を果たしているのか。当然、個々の作品によってそこで果たす和歌の役割は異なってくることとは思うが、共通点もあろう。本稿では、中世の女流日記『中務内侍日記』を例にあげてこの問題について考えてみたい。『中務内侍日記』は、記録性の強い、中世女流日記の典型例として挙げられることが多いが、一方で和歌的文章も多いことで知られている。記録性と主情的な和歌的世界が作品そのものを分裂させているかのようにも見られてきた同日記からなら、より先鋭的にその共通点が浮かび上がってくるのではないか。同日記を検討の対象とする所以である。

一　『中務内侍日記』の性格について

『中務内侍日記』は、伏見天皇に春宮時代から仕え、その中務内侍を務めた藤原経子の日記である。弘安三年（一二八〇）から、正応十一年（一二九二）の期間の出来事が書き留められている。内容は、上巻と下巻に分けることができ、五十四章段からなる。[3]

本論に入る前に、まず、『中務内侍日記』の性格について、先行研究[4]を整理しながら、確認しておきたい。中世の女流日記に記録性が強いことについては先学によって指摘され、そのことによって文学性を失っていくということが長い間、言われてきた。[5]なかでも、宮廷の女房日記である『弁内侍日記』、『中務内侍日記』については、

それぞれの特色は認められるが、宮廷生活の日々の記録といった面が強く、そのなかで作者が自己

をどれだけ深く見つめているか、という点になると、そう深い観照のあとを見ることは出来ない。人生に対し、人間に対しての深い洞察がなく、独創性に乏しい。この一つの原因は、作者達が宮廷生活を思い捨て、出家遁世するとか、仏道修行の旅をするとかいう、中世的な人間回復の方法をとらなかったところにある。(6)

というような評価が下されてきた。また、『中務内侍日記』については、作品に流れる「哀調」と宮廷賛美の叙述との矛盾に着目し、その性格を「個性の分裂と動揺」(7)とするのが、昭和五十年頃までの先行研究における、一般的な見解であった。これに随えば、おおむね、同日記には中古の女流日記のような高い文学性は見出しがたいというのが論調であったと言える。

しかしながら、近年、そうした文学観の見直しが進んできている。三角洋一氏は、下巻のような行事の記録も含めた宮廷の記事は「私的な「世語り」の姿勢」であり、「そういう語りぐさを残すことが宮仕え生活に生きがいの場をもった女房の生の証跡となる、という私的モチーフを認めることができるのではないだろうか」と指摘した。(8)この三角氏の見解を更に進展させ通説を覆すにいたったのが、岩佐美代子氏の一連の論考である。(9)岩佐氏は同日記を「君臣男女親睦融和の宮廷から生れた、心深い友愛の文学」(10)と位置付け、その性格について以下のように述べている。

この日記における、人生無常の自覚に立つ感傷的筆触と、華麗な現実の肯定的記録という、一見相反する性格の共存は、作者の属する伏見天皇近臣グループそのものの基本性格なのである。両皇統の勢力均衡のために即位した天皇は、また同じ理由のために早晩その位を追われねばならぬ。践祚はすなわち退位への一里塚、とは春宮時代からすでに彼等グループが共有していた暗黙の現実意識であった。このような意味の無常感ゆえにこそ、彼等は現在の楽しいめでたいひと時をこよなくいとおしんで記憶にとどめ、それを反芻する事でせめてもの友愛を保とうとするのである。(11)

同日記では、上巻で春宮時代の伏見天皇宮廷での君臣の風雅な交流が、下巻で筆者自身が内侍として奉仕した即位式とそれにまつわる儀式の記録が描かれる。上下巻を通じて、春宮時代の伏見天皇の風雅の友、源具顕の存在を軸として、上巻六段の弘安七年三月十七日の御遊が繰り返し回想される。また、同様に上下巻を貫く回想に、北山殿への遊覧がある。岩佐氏の論に「記憶」と「反芻」とあるのはそのためである。

また、これまで「哀調」「無常」の色彩を帯びると評されてきた同日記の叙述の箇所についても、岩佐氏の研究により、それらが『源氏物語』や『狭衣物語』を典拠とするものであり、春宮時代の伏見天皇周辺の文学愛好の影響であることが明らかにされた。(12)岩佐氏が「友愛の文学」と命名したのは、こうした伏見天皇と近臣の集団との交流の深さを、日記の内容や叙述より読みとることができるからである。

ところで、上巻が物語を典拠とする叙情的な記述であるのに、下巻が記録的記述であることをどのように捉えるかという問題については、その女房としての立場から読み解く注目すべき指摘が、先引の三角氏をはじめ諸氏よりなされている。今関敏子氏は、「宮廷という「場」を中心とした「女房としての自己」という自己規定」が作品の「執筆姿勢として一貫」していることを指摘している[13]。宮崎荘平氏は同日記を「女房日記」の観点から捉え、「女房日記の埒内で書かれる性質のものであるために、個性的な作品としての面の発展は乏しかった、とみるべきなのである」と、その記録性との関係について論じている[14]。事実、そうした宮廷の一員である女房としての誇りを持った記述は、同日記の上下巻の各章段に散見することができるものである。

作者の女房という立場を更に突き進めて、その内侍という職掌から作品を分析しようとする論もある。阿部泰郎氏は、『弁内侍日記』『中務内侍日記』『竹むきが記』の三日記から、作者が全員、「帝と神器を守護し祖神を祀る媒となる」内侍であったことを指摘している[15]。阿部氏は、

天皇の宮廷において恒例として行われる公事や臨時に催される遊宴に参加し、これを詠歌をもって言祝ぎ、それらをめでたく叙述することも、内侍のつとめの大切な一部であったろう。持明院統の帝王に仕えた内侍の日記それぞれの、王と神器への紛れもないまなざしは、かかる皇位と不可分な内侍という存在が、同時に記録者であるという位相において始めて出来したものと思われる。

と述べている[16]。阿部氏の指摘は、先ほどの、内容の分裂のように見られがちな上巻と下巻との叙述の違いをどのように捉えるかという問題を考える上で、非常に重要なものと考えられる。

　また、『中務内侍日記』のこうした内侍としての公的性質からはみ出すもののように見られてきた、私的感懐を記した章段[17]については、「私」も「公」へと収斂されていくとの指摘もあるが[18]、「語り手は私的な我と女房としての我を区別して語ってはいない」とする寺島恒世氏の指摘がこの日記を読み解く上で更に重要な指摘であろう[19]。

　寺島氏も指摘するように[20]、十二月の神今食での「門より筵道敷きて、下りて役に従ふ事ども、幼き遊びのやうにをかしき事どもなり」（下巻二十七段）という感想、即位式での高御座登壇に際する職務でアドバイスをもらったことに対しての「御情のありがたく、心も強々しく覚えて過なし」（下巻三十五段）との記述、大嘗会での女工所の職務で帝から褒められての「面目も恥がましさも、劣る方なくこそ覚え侍れ」との感懐や、同じく女工所での職務上のトラブルからの行事官と女官との口論での「恐しながらをかし」（下巻四十四段）との感想など、職務上での私情はしばしば記事に見えるところである。

　一方で「私」の記事も常に「公」との対比によって成立するものである。たとえば、上巻九段の、父を亡くした同僚との贈答、十段の、長年交際していた故人の宿を訪れた感慨の記事は、三月十七日の御遊の回顧記事の八段と、北山殿行啓記事の十一段との間に挿入されている。これらの章段は、作者の構成意識としては、「世に経れば何となく忘れぬふしぐ〳〵も多く、袖もぬれぬべきことわりも知らるゝこそ、かはゆくおぼゆれど」（五段冒頭）とする内容を主題とする章段群に属すると考えられる[21]。阿部真弓氏は、この主題を持つ一群を「近親者の死を悼む姿とともに、そのために、君臣の輪から一時的にしろ外れざるをえない状況となった人物を記すものだった」としている[22]。確かに八段では、前年の三月十七日の御遊を回顧するが、そこでは、妻の死のために今年は出仕していない源経資を思いやる記述が出てくるし、九段も父の死のために出仕できない同僚の小将を思いやって和歌を交わす内容である。十段も含め、はかない人の死がこの一群に無常感を縁取っているが、一方で、宮廷での出来事についての記事は、十一段の北山殿行啓や十三段の北山殿外苑の野上・田向遊覧の記事のように華やかで何度も回顧される、「何となく忘れぬふし〴〵」なのである。きまりの悪い、十二段の作者の失敗譚も「人には言はぬ事なれば、よろづはあいなき心一つなり」と、人には言えない忘れられない宮廷の思い出の一つとなっている。宮廷の思い出は華々しくもおかしく、それ以外の世界についてはしめやかに語られる。

作者は十六段、十七段で病のため里居し、出仕できない日々を送るが、その時の心情は、「いつしか御所さまの御式もゆかしく悲しきに」（十六段）、「標の外なる伏屋に埋もれ過ごしぬるも、同じ憂世にめぐれども、なほかひなき身なりけりと、口惜しく」（十七段）というものであった。先述の阿部真弓氏の「君臣の輪から」「外れざるを得ない状況」の記事は、この世の無常や御所を恋しく思う内容であり、思い出深く「かひある心地」（六段）、「物ごとに面白き事限りなき」（十三段）心地を味わうことのできる宮仕えの記事内容とは対照的である。それは紀行文の十五段尼崎紀行からも窺うことができる。旅の途中も、作者は船乗りの荒々しい声におびえ、「引きかへたる式もあはれにて、北山殿思ひ出でられて、」と北山殿行啓の舟遊びを引き合いに思い出す。その違いを共感してくれる人のいない、「「いかに」とだに言ひ合はする人もなし」という現況への感慨は、作者の疎外感を顕わにする。船中で、二十日の月の面白さを共感したくとも、「皆人寝ぬれば、一人起き居て見る」作者は、『狭衣物語』の虫明の瀬戸を一人想起する。御所にいれば『狭衣物語』の内容をなぞらえた楽しみ方も皆で共有できるものであったが、御所から離れた場所であれば一人で思うしかない。このように、宮廷の外界がはかなく、孤独なものであればあるほど、御所のめでたさ、すばらしさは際立ったものとなる。下巻の二十一段冒頭に「春のみ山の木隠れより、花時鳥月雪につけて、心を延ぶる慰みもさすがにありといへども、」とあるように、御所のみが風趣に富んで気持ちの晴れ晴れとする空間であり、春宮を中心に風流を解する仲間のいる空間として描き出されているのである。上巻に漂う哀感が、帝位になかなか就くことのできない春宮御所の「閉塞状況及び焦燥感」と結びついていることも否めないが、上巻にちりばめられた物語を典拠とする表現からすれば、それも自分達の愛好する、文学的な情緒に基づくものと見るのがよいのではないか。[23]

上巻一段の序のあと、二段は、伏見殿の御䉤法で後深草院が留守の院御所の光景から始まる。「十五夜の月も雪もうち散りて、風も冷やかなる枯野の庭の気色」に感興を催す作者だが、「同じ心に見る人もなし」といった状態なので、「ひとりで眺めんもすき〴〵しかりぬべければ、入りて臥し」てしまう。ここでも、感動を共有できる人間を求めるところから回想は始まるのである。作者と同じような気持で冬の満月に照らされた枯野の庭を眺めてくれる人間はいなかったのだが、そこへ春宮が登場する。以下、春宮が眺める冬月夜の風景が細かに叙述されてゆく。寺島恒世氏は、この章段での風景描写の叙述について、

細叙に意を尽す本気の風景描写のありようは、さような美意識の同一性の確信、春宮との〈共感〉と

もいうべきものに由来していたのではなかろうか。

と述べ、このような春宮との美意識の同一性は日記の他の章段の描写にも見られることを指摘している[24]。寺島氏の論は、京極派和歌生成の素地を同日記に読み取ろうとするものであるが、そのことも含め、氏の指摘は首肯できよう。寺島氏は、そもそも同日記の「叙述の基本姿勢」が「天皇（春宮）との固有な関わりの上に取られて[25]」おり、「忘れがたき今日の連続としての宮廷讃美に資するために、「無常観」で枠組みを定め、散在する「あはれ」に「哀調」のトーンを形成させることは」、「語り手による、語りの戦略の一つとして用意されていたとさえ言えるのである[26]」とする。たとえば、上巻五段の弘安六年四月十九日の、春宮と京極為兼、源具顕との間での時鳥にまつわる贈答の内容は、作者は伝聞によってしか知らないものである。そこでの作者の語りは、

有明の空に鳴きぬる一声を、寝覚にや聞くらんなど、かたじけなくも思し召し出づるは、夢の中にも通ふらんと思ひやらるゝに、さらぬ情だに、折から物はうれしきに、かしこき御情も深く、色をも香をもと思し召し出づるも、御使の嬉しさはげにいかなりけん。同じ類ならん身は、げにいかでかうらやましからざらん。ありがたき面目、生ける身の思ひ出とぞ、よそに思ひ知られて侍りし。

などのように、春宮と和歌の贈答をする為兼や、その為兼へ春宮の和歌を届ける具顕の心情を春宮の存

在と関わらせて推し測り、羨ましがっている。ここからは、単に美意識を共有する仲間としてではなく、自身を、春宮に仕える者としての「精神的紐帯を強める侍臣女房[27]」の一員と捉える作者の意識が読み取れる。先述の寺島氏の指摘のように、同日記の語りは春宮の存在を常に意識する態度で徹底しており、その宮廷での共通の美意識も、春宮に仕える者としての「精神的紐帯」を深める道具なのである。

二　『中務内侍日記』における和歌記載記事について

『中務内侍日記』全体を貫く性格について確認し得たところで、和歌が同日記の記述にどのような役割を果たしているのかを検討したい。

まず、同日記では、どのような状況で和歌が詠まれているかを知るために、章段ごとに和歌の歌数と詠作者の別を表にまとめた。なお、同日記の記述からは和歌の詠作者が判断しづらいものも多いが、詠作者については岩佐美代子氏の論考「中務内侍日記の贈答歌[28]」を参考とした。また、各章段の年次については岩佐氏の注釈[29]に基づくが、十一段〜十三段の北山殿行啓については、同氏の論考「よとせの秋―中務内侍日記注釈訂正[30]」により弘安八年とした。

また、作者の和歌に限り、その独詠歌か、贈答歌かがわかるように内訳も書き記した。作者以外の他者の和歌の場合は、作者または別の詠作者との贈答歌であるため、特にその別を書き記さなかった。

『中務内侍日記』章段ごとの和歌の詠作者

●上巻

※【贈歌】は贈答歌のこと

章段	年次	歌数（詠作者）
一段	（序）	なし
二段	弘安三年十二月十五日	三首（作者独詠）
三段	弘安四年八月十六日	三首（作者独詠）
四段	弘安五年四月十七日	一首（作者独詠）
五段	弘安六年四月十九日	十首（春宮一、為兼五【長歌一・反歌一を含む】、具顕二【長歌一・反歌一】、内侍殿二）
六段	弘安七年三月十七日	和歌一首（作者独詠）、連歌一首（上句経資、下句作者）
七段	八月十三日	一首（作者独詠）
八段	弘安八年三月十七日	十五首（作者五、具顕二、春宮二、経資六）
九段	（少将との贈答）	二首（作者一、少将一）
十段	弘安七年	三首（作者独詠）
十一段	弘安八年七月五日～十六日	一首（作者独詠）
十二段	（宮内卿の文、筆者の失敗譚）	二首（親の親と言ひぬべき人一、作者一【独詠】）
十三段	弘安八年七月十八日～二十一日	二首（作者独詠）
十四段	弘安八年八月	三首（実兼一・春宮一・作者一【独詠】）

十五段	弘安八年九月四五日	六首（作者独詠）
十六段	（病により里居）	二首（作者独詠）
十七段	弘安九年三月十七日	三首（大納言一、作者二【うち贈歌一・独詠一】）
十八段	弘安九年四月二十五日	二首（作者一、新宰相一）
十九段	弘安九年五月十三日	二首（大納言一、作者二【独詠】）
二十段	弘安九年七月二日	なし

●下巻

章段	年　次	歌　数（詠　作　者）
二十一段	弘安十年九月十三日	二首（作者独詠）
二十二段	弘安十年九月十三日	五首（作者四【うち贈歌二・独詠二】、具顕一）
二十三段	弘安十年十月十日頃	十二首（作者独詠）
二十四段	弘安十年十月二十一日	なし
二十五段	弘安十年十一月九日	なし
二十六段	弘安十年十一月九日 十二月五日	一首（作者独詠）
二十七段	弘安十年十二月八〜十五日	なし

二十八段	弘安十年十二月二十五日	なし
二十九段	弘安十年十二月二十六日	一首（作者独詠）
三十段	弘安十一年二月五日～十二日	二首（作者独詠）
三十一段	弘安十一年二月十二日～十三日	二首（作者独詠）
三十二段	弘安十一年二月二十七日～三月九日	二首（作者独詠）
三十三段	弘安十一年二月二十一日	なし
三十四段	弘安十一年三月十五日	なし
三十五段	同上	なし
三十六段	同上	一首（作者独詠）
三十七段	同上	なし
三十八段	弘安十一年三月十六日	四首（大納言二、作者二【うち贈歌一・独詠一】）
三十九段	弘安十一年三月二十六日	五首（少将二、作者三【うち贈歌二・独詠一】）
四十段	正応元年六月二日～六日	連歌一首（上句新宰相、下句作者）、和歌二首（新宰相一、作者一）
四十一段	正応元年六月十六日・二十七日	一首（作者独詠）
四十二段	正応元年七月七日	六首（権大納言典侍一、作者五【うち贈歌二・独詠三】）
四十三段	正応元年十月二十一日	なし
四十四段	正応元年十一月八日・十七日	一首（作者独詠）

四十五段	正応元年十一月十八日～二十一日	十二首（権大納言典侍一、新宰相五、作者七【贈歌】）
四十六段	（女工所の装束調整）	一首（作者独詠）
四十七段	正応元年十一月二十二日	二首（作者独詠）
四十八段	（節会・清暑堂の御神楽・御前の召）	三首（作者独詠）
四十九段	正応三年正月・二月五・十日	四首（作者独詠）
五十段	正応三年三月九日	なし
五十一段	正応三年三月十九日	十一首（権大納言典侍三、東へ行きたる人一、作者七）
五十二段	正応三年三月二十日	三首（大納言一、作者二【うち贈歌一・独詠一】）
五十三段	正応三年四月十四日	五首（大納言三、作者二【うち贈歌一・独詠一】）
五十四段	（病での里下がり）	五首（新宰相殿二、作者三【贈歌】）
	正応五年三月晦日	

この表から和歌の多い章段を抽出し検討することとした。各章段で文章の長短に差があるので、それを考慮して五首以上、和歌が詠まれている章段を対象とする。上巻では、五・八・十五段、下巻では二十二・二十三・三十九・四十二・四十五・五十一・五十三段が相当する。そのうち、十首以上和歌が詠まれているのは、五・八・二十三・四十五・五十一段である。上巻よりも下巻に多くの和歌を記載する章段が多い。

ほぼ全ての章段に和歌があるのは、伏見天皇の春宮時代の宮廷について綴った上巻で、これに対し下巻は和歌のない章段も多い。下巻の和歌のない章段の記事内容を列挙してみる。二十四段が譲位とそれにともなう剣璽の入御、二十五段は源具顕の死亡、二十七段は内侍所の神楽、二十八段は北山殿への方違の行幸始、三十三〜三十五・三十七段は即位式、四十三段は大嘗会御禊行幸、五十段は浅原為頼内裏乱入事件である。和歌のない二十四・三十三〜三十五・三十七段のような即位関連記事は、作者の内侍としての職掌から、式次第を記録的に書き記す章段である。三十六段に一首、新たな御世を言祝ぐ作者の独詠歌が記載される。

二十五段の源具顕の死亡記事は、長い春宮時代を経て天皇となった伏見天皇の即位記事の合間に挿入されている。和歌もなく、淡々と記すのは、即位式中の死ということを慮ったためか。その代わり、死に至るまでの具顕と作者との和歌の贈答を記す二十二段には五首以上の和歌があり、春宮時代の伏見天皇宮廷の風雅の中心にいた廷臣の死を実質上、ここで悼んでいるものと思われる。また、後で詳述するが五十段は浅原為頼が内裏に乱入、紫宸殿に立てこもって切腹した事件を記した章段であり、これは内裏が穢れに直面した大事件であった。ここには和歌の記載はないが、これと関連する内容の五十一段は十首以上和歌のある章段である。作者の執筆意識では、和歌記載が抑制されるのは行事等の記録的章段においてであることが明らかとなる。

一方、和歌の多い章段の内容を挙げると、五段は本稿第一節でも触れた作者の伝聞記事で、春宮（伏見天皇）・京極為兼・源具顕を中心とする時鳥の和歌の贈答である。八段も第一節で触れたが、弘安七年三月十七日の御遊の回顧、十五段は作者の尼崎紀行である。下巻の二十二段は、回復の見込みが亡くなった具顕との和歌の贈答と十三夜御会の記事、二十三段は、作者の初瀬紀行、三十九段は春日殿の桜を巡っての少将との和歌の贈答と今宮御霊会での献上品についての和歌、四十二段は乞巧奠での同僚女房との和歌の贈答と作者の感懐、四十五段は大嘗会の女工所で奉仕する作者と他の場所にいる同僚女房との和歌の贈答、五十一段は春日殿にいる同僚女房との桜をめぐる和歌の贈答、五十三段は松尾祭と時鳥の初音をめぐる記事という内容である。このように見ると、宮廷に仕える作者の個人的な感懐や、女房廷臣とのやりとりに関するものが目立つ。女房としての日常を記す記事に、多くの和歌が書き留められているのである。

これとは対照的に公的行事や公的な場に関する記事については、和歌は最小限にとどめられている。たとえば、二十段、二十八段などは和歌御会の記事であるが、そこで詠まれた和歌については一切記載がない。二十八段は北山殿への方違行幸始の記事だが、雪を鑑賞したあと、数人にて和歌御会があった。メンバーは、作者を含む女房三人、天皇と西園寺実兼、京極為兼の六人で、数少ないそのメンバーに選ばれた作者は「数に漏れぬ身、我ながら嬉しう」との感懐を抱く。にも拘わらず和歌は一切記載されない。

こうした和歌の記載の仕方を見ていくと、記事中での和歌に何等かの機能・役割が持たされていること、つまりは和歌の記載にも作者の編集意識が働いていることが浮かび上ってくる。これは本稿第一節で見た同日記の性格とも深く関わるものと思われる。次節では、具体例をあげて検討する。

三　『中務内侍日記』本文における和歌の機能・役割

ここでは、十首以上和歌の記載のあった章段を取り上げ、同日記における和歌の役割について検討する。これらの章段はその内容からおおまかに三類に分類できる。以下、三類に分けて検討する。

1．春宮を中心とした廷臣女房の交流記事

五段と八段がこれにあたる。
五段は先述した春宮と、源具顕・京極為兼との、時鳥についての和歌の贈答を中心にした記事である。この章段の内容は、大きく前半の春宮と為兼の和歌の贈答と、後半部分の具顕・為兼・内侍らの和歌の贈答とに分かれる。前半部分を引用してみる。

【A】　世に経れば何となく忘れぬふしぐ〳〵も多く、袖もぬれぬべきことわりも知らるゝこそ、かはゆくおぼゆれど、ことに弘安六年四月十九日、例の嵯峨殿の御幸なりて還御なる。御夜の後、春宮の御方、土御門の少将ばかり御供にて、院の御方ざまに忍びて御覧ぜらるゝ。南殿の花橘盛りなる頃なれば、香を懐かしむ時鳥もやと待たせおはしますに、心づくしの一声もあかず恨めし。その頃、左中将、何事かありけん、こもりて久しく参らざりけるに、有明の空に鳴きぬる一声を、寝覚にや

聞くらんなど、かたじけなくも思し召し出づるは、夢の中にも通ふらんをと思ひやらるゝに、

　思ひやるねざめやいかに時鳥鳴きて過ぎぬる有明の空

と御気色あれば、内侍殿たど〳〵しき程の有明の光に書きて、花橘に付けられたり。

さるべき御使いもなくて、明けぬべければ、土御門の少将、人も具せずたゞ一人、馬にて行きぬ。手づから馬の口をひきて門をたゝくに、とみにも開けず。空は明方になるもあさましくをかし。門を開けぬるに、思ひよらずあきれたりけんもことわりなり。さらぬ情だに、折から物はうれしきに、かしこき御情も深く、色をも香をもと思し召し出づるも、御使の嬉しさはげにいかなりけん。同じ類ならん身は、げにいかでかうらやましからざらん。ありがたき面目、生ける身の思ひ出とぞ、よそに思ひ知られて侍りし。ほの〴〵と明くる程にぞ、帰り参りたる。

　宮の中鳴きて過ぎける時鳥待つ宿からは今もつれなし

【A】の五段前半部分は、土御門少将、具顕だけを供につれた春宮が、時鳥の初音を聴いたかと、具顕を使いにして、籠居している左中将、為兼に和歌を贈る。具顕が使者に立つ、このくだりは、『源氏物語』桐壷巻の、靫負命婦の弔問の場面をなぞらえるものである。[31]【A】に続く後半部分では、為兼が使者の具顕とも長歌を交わし、春宮の和歌を書きとめた内侍が、さらに為兼と和歌を贈答しあう。後半部分はほぼ和歌の贈答だけで成り立っている。為兼と具顕が交わす長歌は、それぞれに付された反歌、

言の葉にいかに言ひてもかひぞなきあらはれぬべき心ならねば（為兼）
あらはればなか〳〵いかに恨みまし心にこむる忘れがたみを（具顕）

に端的に表れているように、春宮の臣下を思いやる情深さへの感動を詠うものである。そうしたこの二人の感動を、【A】の二重傍線部に示すように、作者もまた共有している。そして、この後半部分の、為兼と具顕との和歌の贈答に続く、内侍と為兼との二度にわたる和歌の贈答での、内侍の和歌、

時しもあれ御垣に匂ふ橘の風につけても人の問へかし
橘の匂ひにたぐふ情にも言問ふ今ぞ思ひ知らる、

は、こうした対する春宮の声を代弁するものとなっている。この内侍は、【A】の部分では、為兼あての、春宮の和歌を代わりに書きとめていた。先の第一節であげた阿部泰郎氏の指摘(32)にあるように、内侍は神器の守護とともに天皇の声を伝える職務機能を持つ。すなわち、この五段は、本稿第一節で触れた岩佐氏の指摘にあるように、春宮と廷臣達がその「精神的紐帯」を深めていく様を描いた章段である(33)。ここでの和歌は、廷臣達が互いの連帯を確認し、また春宮との絆を深める媒となる役割を果たしている。

八段の弘安八年三月十七日の記事は、前年の同日に行われた御遊の回顧記事である。前年の出来事は六段に見え、その場で「公私の言葉をこめて、歌ども」を詠んだことが八段の記述より窺われるのだが、

その時に詠まれた和歌は披露されない。八段の記事内容と深く関わる、源経資の連歌の上句と、これに作者が心内で付けた下句のみが記載されている。これに対し、八段では、六段の前年の御遊の時に春宮と廷臣女房達で詠んだ和歌の言葉を取り入れて詠んだ、具顕の和歌が披露されている。そしてこれに対する春宮と作者の返歌が続く。続けての作者の語りは、六段で興味深い連歌の上句を詠んだ経資が、今年は妻を亡くして籠居し、御所にいないことを惜しみ、その悲嘆に同情を寄せるものである。八段の後半は、経資と作者の和歌の贈答、作者の同僚女房である大納言へ経資が今の悲しみを詠んで贈った和歌が記載され、ほぼ和歌の贈答だけで構成されている。ここでも春宮を囲む廷臣女房達が和歌を媒体にして互いに共感共鳴し、絆を深めあう姿が描かれている。そしてこの弘安七年三月十七日の御遊の回顧は、他の章段にも見られ、そこでも回顧の情を共有しようとする和歌の贈答が記されている。同様のことは北山殿行啓および野上・田向行啓の記事とそれに関連する章段でも見られる。

2. 紀行文

二十三段の初瀬紀行が該当する。同じく紀行文である十五段の尼崎紀行も六首と歌数が多いが、ここでは、宇治や春日、初瀬、三輪、井手という名所旧跡や歌枕を訪れているせいか歌数がなお多くなっている。いずれも旅で見た光景や、その土地の伝説を契機として詠んだ独詠歌である。この章段で着目されるのは、地の文が、和歌の詠歌背景に対する詳細な説明となっている点である。例えば猿沢池での和歌は次のように語られる。

さて猿沢の池を見れば、濁りなく澄みて、采女が身投げけん昔の影も、今浮かびたる心地して、今はと見けん面影を、我ながらいかに鏡の影も悲しと見けん、御幸ありけん帝の御心地も、かたじけなくあはれなり。

思ひやる今だに悲し吾妹子が限りの影をいかゞ見つらん

とあはれなり。

君寵を失った采女が悲しんで猿沢池に身を投げた伝説を想起して、作者は和歌を詠む。和歌は、采女の死後、帝が采女を哀れがって猿沢池に行幸したという説話をもとに、その時の帝の心境を推し量って詠む。地の文で、伝説のいきさつと和歌を詠むにいたった作者の感懐は説明されており、それが和歌内容の詞書的なものとなっている。

この章段では、和歌に、その場所での作者の感慨を凝縮して表現しているが、さらに地の文で詳細な記憶を書き添えるのは、和歌の鑑賞者に正確に和歌の内容が伝わることを意図したものであろう。

最終的に日記で和歌を披露するのは、作者に日記の読者との感覚の共有を求める意図があるからであろう。例えば、四十段に新宰相と作者が連歌の上句と下句を付けあう記事がある。この時、作者の付けた下句に新宰相が「「心地さへする」と言ひたき」と感想を述べたのに対し、地の文ではこれを「いかゞ」ということばで結んでいる。読者に判断をゆだねるかのような地の文の書き方からは、作者が強く読者の存在を意識していることが窺える。

3．同僚女房との交流

四十五段、五十一段がこれに相当する。四十五段は大嘗会の女工所での職務のため、内裏を離れている作者が、別の場所にいる二人の同僚女房と和歌を贈答するという内容である。一人目の同僚は「権大納言御局」、源親子だが、親子が大嘗会の行幸について女工所近くの太政官庁に来た際に、以下のような和歌のやり取りをしている。

①昨日より近き頼みは慰むにおぼつかなくて今日も暮れぬる〔作者〕
②今しかく書き通はせば情こそ逢ひに逢ひぬる近きしるしよ〔親子〕
③つれ〴〵は見る心地せよこゝに今大内山の暮の気色を〔作者〕

①で親子が近くに来たのに便りをよこさないことをうらむ作者に対し、親子はこうして文を交わすという友情こそこうしてよく会うお近づきの証拠ではありませんか、との、②の返歌を贈る。このやりとりで、「今は心強く覚ゆる」作者は更に親子に、あなたも内裏から離れた私が味わった心もとなさを体験してください、と③の歌を贈る。ここでの和歌は、疎外された作者が同僚との友情を確認するツールとして機能している。このあと作者は新宰相殿との間で和歌を贈答するが、そこでも、事情があって大嘗会に参加できなかった新宰相殿が、宮中に出られなかった寂しさを詠うとともに、「おのづから馴れし名残を忘れずは見せばやともや思ひ出づらん」と、疎外された自分のことをあなたは思い出してくれ

たかと作者に確認している。第一節で紹介した阿部真弓氏の論考に(34)いう、「君臣の輪から一時的にしろ外れざるをえない状況になった人物」との交流が、和歌の贈答によって描きだされているのである。本来、和歌の贈答が現代のメールやラインなどのやりとりに相当する性格を持っていたことは、平安時代の和歌のあり方を見れば一目瞭然であるが、本日記ではこの友情を確認しあうための和歌が特に書き留められていることに注意される。これは1．で見た五段、八段の性格とも関わるものであろう。彼女らの同僚としての友情の確認においても、その友情を牽引するのは伏見天皇の存在だからである。

五十一段は、花をめぐる同僚女房達とのやり取りである。以下、本文を引用する。

【B】十九日、富小路殿へ御具足取り具して、花山吹折り具して参りたるに、権大納言の典侍殿、

眺め来したゞ人伝の一枝よ花もあはれや添へて見ゆらん

返しに、

折りて見るこの一枝のあはれより残る汀の花ぞ悲しき

君しかく残る梢をとへとてや常より花の色も深きは

藤の花にさして、

人知れず心に馴れて見し藤の誰待たねども時を知りけり

皆人の折りて、梢の残りなくと聞けば、

君待ちて散らじと花や思ふらん誰情なく折りやつすらん

大納言殿、桜に付けて、
　折りて見る人の心の情より汀の花の色ぞ添ひぬる
又中務、
　思ひきや待ちし軒端の桜花たゞ一枝を伝に見んとは
　いかに又見るにあはれの色添ひて咲き残りける花の心に
　一枝も折りて見せずは桜花たゞいたづらに散りぞ過ぎまし

【B】の冒頭傍線部、「十九日、富小路殿へ御具足取り具して」とは、伏見天皇が春日殿から元の御所の富小路殿へ移動するに伴い、調度品も移動したことをいう。前段五十段に描かれた、浅原為頼内裏乱入事件の事後を記した記事である。同事件は、正応三年（一二九〇）三月九日の夜、甲斐国の武士、浅原為頼父子が内裏に乱入して紫宸殿に立てこもり切腹に及んだ事件で、内裏が穢れに襲われるという一大事件であった。五十段が、この一大事の詳細についてはあまり語らず、剣璽の無事と、穢れを避けるための春日殿への非常時の移動を「供奉の人々、直衣なる姿にて珍しく、事々しき常よりも面白くて」と供奉公卿の服装で語るにとどまることについてはすでに諸氏が指摘しているとおり、作者の内侍としての職業意識からくるものであると考えられる(35)。

後続の五十一段【B】は、前段の作者の語りの姿勢をそのまま受け継ぐものといえよう。穢れから天皇を守るための、緊急の移動先であった春日殿からの還御に際して、一緒に移動した道具類に花山吹が添えてあるのを見て、作者は同僚と和歌を交わす。和歌は、山吹、藤、桜など、帝と別れて春日殿に取り残された邸の花々の心情を思いやり、それらを見る人がいなくなったことを惜しむ内容である。ここで繰り返される和歌の贈答からは、本来春日殿の花の美を解し賞美してくれるのは、伏見天皇だけなのだという共通認識が窺える。権大納言と作者は繰り返し和歌を贈答し、共通の認識を確認し合うことで、天皇に仕える同志としての絆を確かめているのである。結果的には、この和歌の贈答も天皇を称揚する行為であると言えるのではなかろうか(36)。

このあと更に、作者はこの春日殿の桜の一枝を「東へ行きたる人」、東国へ下る元同僚にも文に添えて贈っている。この元同僚とは、同じ宮中で同じ桜を眺めていた記憶の共有を確認する和歌を贈答し合っている。元同僚の返歌は、「今更にあはれぞ増る」と、宮中から離れていくことの意味をかみしめるものであった。ここでも和歌は二人の絆を深める役割を担うとともに、二人の絆を牽引するのが宮中、天皇であることを示すために機能するものであった。五十一段は、天皇の身に起こった凶事を風雅の中に封じこめ、さらには天皇を核とした女房の絆が強固であることを示すための章段であったと考えられる。

おわりに

以上、『中務内侍日記』を一例として、仮名日記における和歌の役割、機能について検討を加えてきた。『中務内侍日記』においては、和歌は、読者および同僚女房たちとの間に感情の共有を求めたり、絆を求めたりするときに詠まれるものであった。特に後者は、天皇を中心にして始めて成立する性質のものであり、最終的には天皇の称揚、その御世の言祝ぎへとつながるものである。

和歌が本来、あらゆるものとの仲立ちになるものであることは、『古今和歌集』の仮名序にあるように自明のことであるが、『中務内侍日記』では、非常に有効にその本質が機能し、作品を形づくっている。同日記は、ともすれば、中古の女流日記文学に比べ文学性の乏しいもの、作品としての完成度の低いものとして見られがちであるが、和歌の用い方を見ても一貫性が窺え、明確な作者の編集意識のもとに記事と和歌が選ばれていることがわかるのである。

かつての研究で同日記に記録性と文学性の解離のあることが指摘されたが、事実、本稿第二節でも、公的記録での和歌の掲載は抑制され、私的な和歌の贈答が多いことが明らかとなった。ここには作者の執筆意識を読み取ることができるのではないか。作者の関心は、あくまで天皇に仕える内侍の視点から、風雅な宮中での生活の素晴らしさを語ることにあると考えられる。そこには、作者の中に、日次記と仮名日記との違いに対する明確な認識があり、それが働いて内容を追憶的なものに書き分けたのではないか。作品の主題は記録の確かさにはなく、天皇を言祝ぐことに比重があることで一貫している。作中の和歌は、同日記のそうした主題を端的に表したものである。本来の仮名日記が和歌と不可分の関係にあることは自明のことである。和歌と仮名日記の関係が終わる時に、日記文学もまた終わりを告げたのも当然のことであろう。

（1）今井卓爾「女流日記文学の本質」『女流日記文学とは何か』女流日記文学講座第一巻、勉誠社、一九九一年。

（2）今井注（1）は、『十六夜日記』『弁内侍日記』といった日記と、『成尋阿闍梨母集』『建礼門院右京大夫集』といった私家集とを例にあげ、「重点のおき方がどの程度和歌にあるかどうかにかかっていると見てよいので、時間的に編集され、十分な詞書をもっている自撰私家集と日記との差異は、僅少、微妙と言わざるをえない」と指摘している。

（3）なお、章段の数は、岩佐美代子注釈『校訂　中務内侍日記全注釈』（笠間書院、二〇〇六年）に拠った。

（4）『中務内侍日記』の研究の動向と問題点については、村田紀子「『中務内侍日記』」（『とはずがたり・中世女流日記文学の世界』女流日記文学講座第五巻、勉誠社、一九九〇年）、阿部真弓「『中務日記』の寓意性―中世女流日記文学研究の課題―」（伊井春樹先生御退官記念論集刊行会編『日本古典文学史の課題と方法―漢詩和歌　物語から説話　唱導へ―』和泉書院、二〇〇三年）に、要を得たまとめがある。なお、本稿での先行研究のまとめも阿部氏論文に拠るところが大きい。

（5）たとえば、松本寧至氏は、「中世になると伝統的な宮廷女流日記は、自己凝視の精神が厳しさを失って、羅列した事実によりかかって自己を表現するようになり創造力を失ってくる」（『中世女流日記文学の研究』序論・第二章、明治書院、一九八三年）とのように述べている。

（6）松本前掲注（5）。

（7）池田亀鑑『宮廷女流日記文学』第八章、至文堂、一九二七年。

（8）三角洋一「「中務内侍日記」について」『ミメーシス』三、一九七二年。

（9）岩佐氏の一連の論考の多くは、『宮廷女流文学読解考　中世篇』（笠間書院、二〇〇九年）にまとめられている。

（10）「中世の女流日記　中務内侍日記―友愛の文学」（『文学』二―三、一九九一年）、のちに「『中務内侍日記』読解考」（前掲注（9）所収）所収。

（11）岩佐美代子「中世の女流日記文学」（『中世文学』二二、一九七七年）、のちに「中世の三女房日記」（前掲注（9）所収）。
（12）岩佐美代子「中務内侍日記と源氏物語」（『国文鶴見』二〇、一九八五年）・「中務内侍日記と狭衣物語」（『国文鶴見』一八、一九八三年）、のちに「『中務内侍日記』読解考」（前掲注（9）所収）。ほかに、『源氏物語』と同日記の関わりの深さについて言及したものに、藤本勝義「中務内侍日記論―その世界と執筆契機―」（『青山学院女子短期大学紀要』三八、一九八四年）、岩佐美代子「中世宮廷の源氏物語享受―京極派和歌と中務内侍日記の場合―」（『むらさき』二二、一九八五年）、位藤邦生「中世女流日記文学の技法―源氏式場面転換法について―」（『国文学攷』一二六、一九九〇年）がある。
（13）今関敏子『中世女流日記文学論考』第五章、和泉書院、一九八七年。
（14）宮崎荘平『女房日記の論理と構造』第九章、笠間書院、一九九六年。
（15）阿部泰郎「『とはずがたり』と中世王権　＊院政期の皇統と女流日記をめぐりて」有精堂編集部編『日本文学史を読むⅢ　中世』、有精堂出版、一九九二年。
（16）前掲注（15）。阿部真弓氏（前掲注（4））は、この阿部泰郎氏の指摘を受けて、「本日記を「内侍日記」として捉えた時、表現方法・形態、作品の構造、そこに内在する論理等々について、解明できる事象も少なくないのではないだろうか」と新たな知見が得られる可能性を指摘している。
（17）玉井幸助『中務内侍日記新注　増補版　研究篇』（大修館書店、一九五六年）は、上巻九段、同僚との贈答や十段の故人の追懐、十五段尼崎紀行、十六段の里居での贈答、下巻二十三段初瀬紀行などおよそ二十段の章段を私的なものと分類している。
（18）前掲注（13）、前掲注（14）など。
（19）「『中務内侍日記』―「あはれ」の日記―」『国文学解釈と鑑賞』六二―五、一九九七年。
（20）前掲注（19）。
（21）阿部真弓「『中務内侍日記』の構成―「袖もぬれぬべきことはり」をめぐって―」『語文』八〇―八一、二〇〇四年。
(22) 前掲注(21)。阿部氏は、同論考にて、この一群が「袖もぬれぬ」という表現によって象徴され、「君臣関係のあり方、その情愛というものを通奏低音として響かせる存在でもあったと解釈できるのではなかろうか」と述べている。
(23) 阿部真弓「『中務内侍日記』論—皇統に対する作者の意識—」『語文』七二、一九九九年。
(24) 寺島恒也「『中務内侍日記』の風景—書くことの意味をめぐって—」『日本文学』四〇-七、一九九一年。
(25) 前掲注(24)。
(26) 前掲注(19)。
(27) 前掲注(3)五段補説。
(28)『国文鶴見』二三、一九八八年。のちに『宮廷女流文学読解考　中世篇』(笠間書院・平成十一年)所収。
(29) 前掲注(27)。
(30)『国文鶴見』四一、二〇〇七年。のちに『岩佐美代子セクション1　枕草子・源氏物語・日記研究』笠間書院、二〇一五年　所収。
(31) 岩佐前掲注(3)、五段語釈。
(32) 前掲注(15)。
(33) 前掲注(10)。
(34) 前掲注(21)。
(35) 阿部前掲注(4)、前掲注(8)、前掲注(3)など。本書第一部第二章、松薗斉氏の論稿にもこのことに触れられた箇所がある。
(36) 阿部前掲注(4)論文では、この章段の「花」から浅原事件後の伏見天皇周辺の近臣女房たちの「衝撃」の暗示を読み取っているが、本稿では異なる見解をとるため、本文では特に触れなかった。

〔付記〕

本稿は、科学研究費補助金（若手研究（B）「鎌倉時代後期の宮廷における王朝文化継承と新文化創出の再検討—伏見院の宮廷を中心に」〈課題番号 15K16691〉）による研究成果の一部である。

第八章　日記文学と言語学
――前期王朝時代を中心に

カレル・フィアラ

はじめに

1.「日記文学」の成立

「日記文学」は、日常の出来事について、男性貴族や仏僧が漢文で記した「日記」から独立し、より文学性の高い和文のジャンルとして発達した[1]。

「日記文学」の作者は、単に個人の日常の記録を記したのではなく、読者の存在を意識し、物語性をもたせた作品を創出した。作者は現実の自分を俯瞰して見つめなおし、自分の人生や経験を述べながら自分を物語の登場人物のように語るようになった。

日記から日記文学へ、また記主視点から登場人物の視点へと移動することにより、語りの視野は広がった。つまり、作者の感想や考察をより自由に取り入れることができるようになり、通常の日記にみられなかった「日記文学」特有の文法的な標識や表現が生まれた[2]。

次に、これらの文法的な標識や表現について検証したい。

2．日記文学特有の文法的標識や表現

本論では、日記文学の文法的な特性を「認知言語学」[3]・「文化言語学」の枠で規定することを試みる。日記文学の文法は、標識の形は日記文学以外の文学の文法と同じであるが、その機能は違う。日記文学の作者が自分を他人のように描く文章部分では、次のような標識や表現が日記文学特有の機能を果たしていると考える。

1）人称、尊敬、他動性、モダリティなどの文法的なカテゴリー
2）人称代名詞や人物指示の代用表現（以下では『蜻蛉日記』と注4参照）、接続表現、品詞や品詞の下位概念
3）場所を婉曲する表現
4）空間・時間における位置づけの表現（日付の表示・非表示を含む）や時制などの節辞・「助動詞」

一　『蜻蛉日記』以前

1．『伊勢物語』と日記文学の共通点

日記文学では、登場人物を具体的な呼称では示さず、しばしば抽象的な表現を用いているが、この現象は早くから『伊勢物語』でみられた。

『伊勢物語』成立の時代は、和文による文学作品が増えた時期に当たる。平安中期の和文は上古の和文とは大きく異なるが、和歌の表現やその構成に限っては、上古の要素の多くをほぼそのまま引き継いでいる。

『伊勢物語』は、歌日記のように、歌の成立背景を語る説話を多く含んでいる。そしてこれらの説話は、ひとまとまりの物語として繋がっているのではなく、個々の段ごとに独立している。またこれらの説話は、一度忘れられた歌の背景を補っている。

短歌は極端に簡略な作品であるから、その内容を正しく理解し評価するためには、その背景の知識が重要となる。『伊勢物語』も、以前から知られていた和歌の背景を語る「歌物語」として生成されたと考えられる。

『伊勢物語』では、作者は中心人物の呼称や人称代名詞を使わず、「むかし、男、初冠して」（初段）のように、単純な表現「男」・「女」を多用した。また、「いつ、どこで、誰が、誰に、身分、衣装」等の具体的な情報をできるだけ抑え、「むかし、なま心ある女ありけり。」（十八段）、「むかし、心にもあらで絶えたる人のもとに」（三十五段）のように、登場人物を内面で示している[4]。これは、散文における登場人物の表示を単純化することの始まりであった。これらの表現は代名詞とは異なり、先行詞を必要としない。本論では、このような人称代名詞に代わる指示表現を「代用表現」と呼ぶことにする[5]。

『伊勢物語』の各段の初めに、古い民話などの冒頭文に似た文型「男ありけり」が頻出する。『源氏物語』においても、男女の特に親密な関係を表す時、『伊勢物語』と同じような代用表現「男」・「女」が用いられている。

2.『土佐日記』と日記文学

「男もすなる日記といふものを女もしてみむとてするなり」の冒頭文で始まる『土佐日記』は現存する日記文学の中では最も古い作品である。(6)

紀貫之は冒頭文中のモダリティ表現の機能（助辞詞などによる、話し手の判断や認識の提示）を利用し、読者の視点転換を試みている。

冒頭文の「男」の主題から「女」の主題への視点転換は、モダリティ助動詞「なり」の選択によってなされている。前者の「なる」は「伝聞」、つまり作者が間接的に得た情報を表し、後者の「なり」は確定・取り立てを表す表現である。統語構造も、情報の並び方もともに語彙「女」を含む成分を焦点とするように工夫されている。

紀貫之は、女性を装い『土佐日記』を記したとみられる。その動機は明瞭ではないが、おそらく男性官僚という身分の制約から解放されることや、和歌や物語の構想を自由に展開することなどが目的であったと思われる。平安中期の内裏では、和文や仮名は女性の「役割言語」・「役割文字」であった。紀貫之はこの和文・仮名を用いているが、『土佐日記』の題材や作者の関心領域はいかにも男性的である。つまり、『土佐日記』は女性の旅日記の形を取っているが、女流文学の作者が好むようなテーマは少なく、「うまのはなむけ」の儀式のように、男性官僚らしい関心を示している。(7)また当時、女性の間に流行った直接話法の例も、舵取りの舟歌などのような、多少不自然な「引用文」に限られている。

次に語彙について述べる。「日記す」は漢文訓読風の表現であり、和文では一般に使われていない。しかし、紀貫之だけではなく道綱母もこの「日記す」という動詞を数回用いた。『蜻蛉日記』の冒頭文にもこの表現が出現する。また、源高明の流罪の記述の中にも「身の上をのみする日記」という語句がみられる。『蜻蛉日記』もこの『土佐日記』から影響を受けたのであろう。

二　『蜻蛉日記』

1.『蜻蛉日記』の人称の問題

日記文学では、作者は自らのアイデンティティを韜晦する傾向がある。『蜻蛉日記』では、これは特に作品の冒頭部で顕著である。

かくありし時過ぎて、世の中にいとものはかなく、とにもかくにもつかで、世に経る人ありけり。かたちとても人にも似ず、心魂もあるにもあらで、かうものの要にもあらであるも、ことわりと思ひつつ、ただ臥し起き明かし暮らすままに、世の中に多かる古物語のはしなどを見れば、世に多かるそらごとだにあり、人にもあらぬ身の上まで書き日記して、めづらしきさまにもありなむ、天下の人の品高きやと問はむためしにもせよかし、と覚ゆるも、過ぎにし年月ごろのこともおぼつかな

かりければ、さてもありぬことなむ多かりける。(8)

主語が一人称でないこの文章は、個人の日記としては不自然であるが、作者が第三者の視点に立って語る手法は、この時代の日記文学の新たな特徴である。

E．サイデンスティッカーの英訳でも、この冒頭部だけは斜体で表し、作者自身を物語の登場人物であるかのように三人称で表現している。一方、この後に続く文章は、日記らしく一人称で訳している。

2．『蜻蛉日記』における代用表現

『伊勢物語』では、多くの登場人物に対して代用表現「男」と「女」を共用しているが、『蜻蛉日記』では、同一人物に対して、作者の気持ちの変化と共に次々と変わる複数の代用表現を用いている。

『蜻蛉日記』の作者道綱母は、夫、子、両親、ライバルの女性達など、作者が深く関心を寄せる人物に対して、作者の心情に沿ってそれぞれ代用表現を用いている。この代用表現が指し示す人物を特定するためには、読者は作者の心情を正しく読み解く必要がある。

『蜻蛉日記』では、作者の夫、藤原兼家が特に重要な登場人物である。兼家の最初の代用表現は、兼家が作者に求婚する時の「ものをかたらひすべきなどと思ひし人」であったが、天暦八年（九五四年）の段では、代用表現は「みるべき人」、「横川に……のぼりぬる人」に変わった。

康保二年（九六五年）の初瀬詣に出かける場面では(9)、兼家は宇治まで作者を出向かえに来た。家子に囲まれた兼家は、宇治川の岸辺で佇み作者の方を見ている。ここでは兼家の代用表現は「なかにたてる人」である。

兼家が出世し、次第に兼家の心移りが増すにつれて、作者は強い不安や孤独感を抱いた。天禄二年（九七一年）には、「あさましき人」、天禄三年、「けふまで音なき人」、天延元年（九七三年）、「『……内裏にさぶらひつれど、……急ぎ出ぬ』などて見えたりし人」として登場する。(10)

兼家が兵衛佐の官職についた時の代用表現は、「柏木の木のたかきわたり」となった。

夫兼家の前妻は時姫であった。道隆や道長の母であるこの時姫と、道綱母とのどちらを兼家の正妻とみるべきかについては諸説がある。作者はこの時姫を強く意識していたようで、時姫の代用表現は、「本つ人」、「年ごろのところ」、「子どもあまたありと聞く所」、「かよひ所」、「人にくしと思ふ人」、「かのところ」などと、作者の心情とともに頻繁に変化している。

兼家の新たな女性「町の小路の女」は、「この時のところ」、「かのめでたき所」、「めざましと思ひし所」なども同様に代用表現である。また、別の、「近江」と呼ばれる女性については、「聞く人」、「憎しと思ふところ」、「憎所」、「かの忌のところ」などの代用表現がある。

作者は、父倫寧を「親とおぼしき人」と呼んだ。ここで作者は、自分を客体化し、あくまでも第三者の目で父のことを「（あの人の）親と思われる人」とみている。後に父が年を重ね遠方へ赴任すると、父の代用表現は「いたはしと思ふべき人」、「あしともよしともあらむを否むまじき人」、「我が頼む人」などと変化する。

作者は、母親のことは「古代《こてい》なる人」という代用表現で呼んだ。

息子道綱の幼い頃の代用表現は「ちひさき人」で、また「生くる人」であった。しかし、道綱が成長し、兼家の前妻の子が作者の養女になると、次にこの養女が「ちひさき人」と呼ばれるようになった。

一方、作者に深く関わらない人物については、「故源大納言」のように実名に近い表現が用いられている。

3．クライマックス部分の表現

『蜻蛉日記』では、作者は、昔の孤独感や激情について、当時の記憶を思い起こし、まるで今の出来事のように真に迫る表現で記している。

『蜻蛉日記』の九段で「町の小路の女」は兼家の子を生む[11]。ここで作者の怒りは頂点に達する。森田（注2）はこの部分を作品のクライマックスとみている。ここでは次のような文法表現の特徴があらわれる。

①他動詞構文や自動詞構文の並列

『蜻蛉日記』では、一つの文中に複数の他動詞構文の並列と、複数の自動詞構文の並列がみられる。「（兼家は）よきかたえらびて、ひとつ車にはひ乗りて一京響きつづけて」は、二つの他動詞構文の並列である[12]。そして「いと聞きにくきまでののしりて、この門の前よりしも渡るものか」と、文は自動詞構文の並列に続く。

他動性の強い構文は、主語の自立性が高いと考えられている。他動詞構文の並列は、兼家の行動が独断的で、自己中心的であるという作者の気持ちを示している。当時は、女性との同乗は非常識な行動であるとみられた時代であった。

②二重敬語

七月になりて、相撲のころ、古き新しきと、ひとくだりずつひき包みて、『これせさせたまへ』とてはあるものか。⑬

この「せさせたまへ」は、「町の小路の女」からの伝言か、あるいは、兼家がそのような依頼を装って、妻に伝えたときの言葉であろう。この「せさせ＋たまへ」は日記文学では見慣れない表現であるが、おそらく、身分の低い「町の小路の女」の言葉遣いを真似た、過度な尊敬の表現であろう。

③時間の表現

日記とは本来日時を記録するものであるが、王朝時代の日記文学では一般に日付はない。『蜻蛉日記』でも年の確実な表示はほとんどみられない（天禄三年の一回のみ出現）。作者は、現実になかった「相撲」のように、歳時の大まかな時間枠を用いている。[14] このような歳時による大まかな時間の表現は『万葉集』の時代以来用いられていた。

西洋の言語学・文学論の研究では、ジェラール・ジュネット[15]が「歴史的時間」tH（historical time）と「言説の時間」tR（narration time）を区別している。

ただ、日記文学の読者は、日記文学で語られる出来事の真偽については知る手がかりはほとんどなかった。たとえば『蜻蛉日記』では、従来の日記とは異なり、現実の tH を再現することは容易にはできない。現実の tH を曖昧にし、その tR との対応を隠すことは、日記から日記文学への変遷に伴う一現象であった。

次に、時間を表示する「助動詞」に注目したい。過去の助動詞「き」を記す際の時間の規準となった起点は、執筆時とは遠く離れている。森田（注2参照）が示すように、「町の小路の女」の零落を述べる文章では、助動詞「き」の連体形「し」は次のように多出する。

……子産みてしより、……人憎かりし心思しやうは、おしかへしものを思はせばやと思ひしを、さやうになりにしはては、……産みののしりし子さへ死ぬるものか。孫王の、ひがみたりし皇子の落とし胤なり。……にはかにかくなりぬれば、いかなることかはしけむ。……今すこしうちまさりて嘆くらむと思ふに、今ぞ胸はあきたる。[16]

この「き」は証拠性を伴わない過去の表示で、森田[17]によると、「生々しくよみがえっては来ても、確実に過ぎ去った、取り返しのつかない過去」であり、作者はあくまでも過去の出来事について述べているのである。[18]

4.「日記」から「日記文学」へ

作者は、自分と兼家について記述している場面では、自発の助動詞「る」を用いることがよくある。これには自分と兼家を一体化して見せる効果がある。
作者は兼家の歌を紹介する目的で『蜻蛉日記』を書き始めた可能性がある。あるいは、日記の執筆を依頼されたという説もある。どちらにしてもこの『蜻蛉日記』では、作者は出来事の当事者として深く関わっている。

しかし、『蜻蛉日記』の以下の部分では、作者は当事者としての視点からは距離を置いている。安和の変（九六九年）では、作者は源高明の流罪について記述している。「身の上をのみする日記には入るまじきことなれども、悲しと思ひ入りも誰ならねば、記しおくなり」と、作者は突然の出来事の顛末に動揺し、高明に同情した。[19]

作者の視点は、自分とは関係のない高明へ移動した。ここで作者は当事者ではなく、高明の共感者である。この共感者としての視点は新しい。ここで作者は、個人の日記の範疇を超えて日記文学へと、新しいジャンルを形成したといえよう。またこれ以降作者は、日記を兼家を中心に展開することを止め、もっと広い視野で日記を執筆するようになった。

天延元年（九七四）の記述で作者は、鏡で自分を観察し、「……なりをうち見れば、いたうしほなえたり、鏡をうち見れば、いと憎げにはあり」と、自らの老いを客観的に捉えている。(20)

三　『蜻蛉日記』以後

1．『和泉式部日記』と人称

『和泉式部日記』が式部本人の手による日記であるか、他人の手による物語であるかについては諸説がある。

『和泉式部日記』は、まるで第三者に起こった出来事のように記されているが、記述内容には体験者しか知り得ない情報が多い。

和泉式部は、夫とは別に為尊親王を愛したが、親王が亡くなると、次に帥の宮と逢瀬を重ねた。日記には敦道親王（帥の宮）と和泉式部の逢引について、当事者しか知り得ない話が仔細に記されている。この作品は、和泉式部が自分の直の関わりを暈すために、他人の出来事として書いた印象が強い。

作者は、登場人物「女」の話として語っているが、「たれならむと思ふほどに、故宮にさぶらひし小舎人童」という、秘密裏に手紙を届けていた童の仔細な描写などからみて、やはりこの作品は、和泉式部が自身の体験を記したものであろう。(21)森田は、『和泉式部日記』が「一つの日記的性格を背負っている」とし、和泉式部の著作であるとみている[22]。

2．『紫式部日記』

『紫式部日記』では、『源氏物語』には直接書かなかった、紫式部の作家としての視点や考察を垣間見ることができる。

例えば、『紫式部日記』の御五十賀祝宴（寛弘五年十一月一日）の記事では、紫式部が殿上式典に出席した際の雰囲気や会話について記している。饗宴の席で藤原公任が『源氏物語』の読者であることを仄めかし、『源氏物語』の登場人物達があたかも現実の世界のものであるかのように会話を始めた。これは会話の糸口を掴むための、公任の一種の手立てであったが、そこで紫式部は、ここには紫も源氏もいない、と返し、あくまでも作品はフィクションであると強調した。

源氏に似るべき人も見えたまはぬに、かの上は、まいていかでものしたまはむと、聞きゐたり。
（『新編』一六五頁）

一般的に物語文学には事件の当事者としての視点は求められないが、『日記』や『日記文学』には、当事者としての視点が含まれることが重要な特徴である。『源氏物語』の著作者としての視点は、『紫式部日記』の中で、物語執筆の当事者としての視点とも重なっている。また『紫式部日記』で一六回も出現する語彙「それ」のうち、二例は上古語の接続語であり、これは現在残っていない、当時は『日本紀』と呼ばれた、散逸本文の遺失本からの引用であろう。(23)

おわりに

男性が漢文で書いた「日記」から独立して、和文による「日記文学」ジャンルが成立した。日記文学は、記録体の文学化、物語化に大きな影響を与えた。日記文学の成立過程に伴い、さまざまな文法的な標識の機能が再解釈された。また、作者の、語り手・当事者・登場人物としてのそれぞれの視点はより明瞭に区別されるようになった。女性の手による日記文学作品では、従来の語彙や語形は新しい機能を得た。日記が日記文学へと展開してきたことにより、日常の記録を超えた、多層的で豊かな文学作品が生まれた。

（1）次の文献を参照した。今井卓爾『蜻蛉日記―訳注と評論』早稲田大学出版部、一九八六年、一九九六年。鈴木一雄『王朝日記論考』至文堂、一九九三年。宮崎荘平『女房日記の論理と構造』笠間書院、一九九六年。守屋省吾（編）「『日記文学の地平』新典社、二〇〇〇年。妹尾好信『王朝和歌・日記文学試論』新典社、二〇〇三年。大倉比呂志『平安時代の日記文学の特徴と表現』新典社、二〇〇三年。秋山虔『平安文学の論』笠間書院、二〇一一年。ドナルド・キーン&土屋政雄『日本文学史、古代・中世編二』中央公論新社、二〇一三年、二五一～二六三頁。上村悦子『蜻蛉日記解釈大成・巻一～九』明治書院、一九八三～一九九五年。室伏信『王朝日記物語論叢』笠間書院、二〇一四年。秋山虔『王朝日記文学の世界』東京大学出版会、二〇一五年。

(2) 森田兼吉『日記文学の成立と展開』笠間書院、一九九六年による。

(3) **R.W. Langacker** *Concept, Image, and Symbol : The Cognitive Basis of Grammar*. Berlin & New York : Mouton de Gruyter, 1991 参照。文化言語学編集委員会編『文化言語学―その提言と建設』三省堂、一九九二年。

(4) 新編日本古典文学全集『伊勢物語・大和物語・平中物語・竹取物語』小学館（以下では『新編』）、一九九四年から引用。

(5) この用語は筆者の案であるが、この現象については渡辺実『平安朝文章史』再販（ちくま学芸文庫、二〇〇〇年、一五三頁参照）。渡辺によると、「道綱母の精神生活に深く関わる人々は、作中には独立した人物としては登場せず、道綱母の心に結ばれた映像として登場する……。したがってこうした人物が登場するとき、それはそのまま道綱母のその時のその場での心の表明となる」。

(6) 新編日本古典文学全集『土佐日記・蜻蛉日記』小学館（以下では『新編』）、一九九五年、一五頁。詳しくは、今井卓璽『土佐日記・訳注と評論』早稲田大学出版部、一九八六年。視点については、久野暲『談話の文法』大修館書店、一九七八年。高見健一&久野暲『日本語機能的構文研究』大修館書店、二〇〇六年。文学・芸術の面については、シーモア・チャトマン『小説と映画の修辞学』（田中秀人訳、水声社、一九九八年）参照。

(7) 『新編』一六頁。

(8) 『新編』八九頁。

(9) 『新編』一六四頁。

(10) 兼家と作者の心理的な距離の変化にともない、代用表現は何度も変わる。

(11) 『新編』一〇七～一一〇頁。

(12)『新編』一〇八頁。
(13)『新編』一〇八～一〇九頁。
(14)『新編』一〇九頁、三一六頁。
(15)ジェラール・ジュネット『物語のディスクール、方法論の試み』花輪光・和泉涼一訳、『書套風の薔薇』(『叢書記号学的実践2』、一九八五年九月)。
(16)『新編』一一四頁。
(17)森田兼吉『日記文学の成立と展開』笠間書院、一九九六年、一二五～一二七頁。
(18)室伏信助『王朝日記物語論集』笠間書院、二〇一四年、六一頁の図にあるように、先述の冒頭文中「けり」(「世にふる人ありけり」)は、同一文頭の「ありし」の「し」を受けているが、「世にふる人ありけり」は、通説のとおり、後期の加筆である可能性もある。
(19)『新編』一七三頁。
(20)『新編』三一〇頁。
(21)『新編』一七頁。
(22)森田兼吉『日記文学の成立と展開』笠間書院、一九九六年、二一八～二五五頁。
(23)『源氏物語』との関連性については、室伏信助『王朝日記物語論叢』笠間書院、二〇一四年(「物語文学史上、例のない、自らの制作になる作品名を、自らの筆録する日記という記録の中に克明に刻み込み、現実における価値観の返還をはかった……、また「『見しやうにもおぼえず』……の危険を不断に救済する方法として、この日記の存立が……考慮せられるべきではないのか……。」一六二頁)また、同「『紫式部日記』の語法存疑」一六四～一六八頁、また一六九～一八三頁(紫式部と藤式部の一致・不一致の問題に関して)にも詳細な考察がある。

第三部　日記を書くことと読むこと

第九章　日記と教育

井上章一

なぜ日記を書かせるのか

日本の小学校や中学校では、よく生徒に日記を書かせる。そして、それらはいわゆる国語教育の延長上に、位置づけられている。

文字が正しく、あるいは美しく書けているか。おりめただしい文章になっているか。妥当な語彙がえらばれているか。生徒の日記を読む教師は、主にそういったことどもを、点検する。

書字上のミスなどがあれば、日記帖の該当箇所に、赤ペンでそのことを書き入れる。てにをはの誤りなども、生徒がめげないよう気をつかいつつ、教えさとす。見事な文章であれば五重丸、あるいは花丸の印などをそえて、ほめあげる。そうして、生徒の文章力を高めることが、日記には期待されている。

まだ、読み書きがおぼつかない小学一、二年生には、絵日記の提出がもとめられる。これなどは、美術教育への糸口としても、位置づけられているのだろうか。

そう言えば、理科の課題で、いわゆる観察日記を書くようすすめる教師も、いなくはない。オタマジャクシの成長記録、アサガオの開花記録などを、生徒に書かせることはよくある。オタマジャクシやアサガオの変化をほどよくとらえ、過不足なくえがきだす。その観察力と表現力をはぐくむことも、そこではもとめられている。

しかし、そうした能力を高めるためだけなら、日記の提出にこだわる必要はないだろう。日記の形をとらない観察報告、レポートを作らせたってかまわないはずである。

なるほど、絵日記は絵心をそだてる効果があるかもしれない。しかし、これもほかにてだてはあると思う。このごろなら、子供たちに漫画をえがかせたってかまわないのではないか。

文章能力を高める件に関しても、同じことが言えるだろう。じっさい、学校では、しばしば作文の提出がもとめられる。あれも、日本語での表現能力をそだてるてだてのひとつに、ほかならない。素材が日記でなければならないという、その必然性は見いだせないのである。作文のほうを充実させたって、かまわないのではないか。

じっさい、作文教育を重んじる教師たちは、以前から日記の慣習化に疑問をいだいてきた。日記教育にこだわる教師を、問いただすことも、しばしばあったらしい。

たとえば、成蹊小学校教諭の亀村五郎が、そのことを『児童心理』誌に書きとめている。[1]一九六六（昭和四一）年の、やや古い話だが、ここに紹介しておこう。

亀村は、生徒に日記を書かせようとする教師であった。「日記指導をやめるわけにはいかないと思っている人たちと力を合わせ」る。そのことに情熱をそそいでいる人である。

そのため、作文教育に傾斜する教師たちからは、批判的にながめられもしたという。亀村は、こう書く。

「わたしが日記について物を言うと、必ずといっていいほど聞かされることがある。つい先だって、ある作文の研究会の席上でも、同じようなことを聞かれた。それは、『なぜ、日記を書かさなければならないのか。』という問いである。わたしはそのたびに、とまどってしまう。悲しいけれども、的確な答えが出てこないのである」

「子どもの表現意欲を育てたいというなら、作文が十分にその役を果たしてくれる。また子どもの心を知りたいというのなら、子どもとの交流の機会を多くしたり、話し合ったりすればいいという。そこで、いったい、日記でなければならないというものは、何なのかということなのである」

「大きなおちち」の女の子

日記教育をほどこさねばならない必然性は、亀村にもなかなかわからない。こたえあぐねていたこの問題に、しかしようやく回答らしい何かが見いだせた。一九六一年に亀村が書きつけたのは、日記にこだわる、やっとたどりつけた理由である。

その説明をする前触れとして、亀村は四年生の女児によるこんな日記文を、披露した。体重測定があった日の、それをきらう感情がしるされた一文である。

「わたしが、体重そくていをきらいなのは、いやな自分の大きなおちちを見られるからだ。おかあさんが、『さわるから大きくなるのよ。なるべくさわらないほうがいいわよ。』と、教えてくださったけど、体重そくていになると、見られるとはずかしいので、両手をくんでしまう」。

胸が早くからふくらんでしまうことなら、今の小学女児でもためらおう。一九六〇年代にしめされたこの羞恥心を、いぶかしがる必要はない。

ただ、母親までそのふくらみをおしとどめたがっていた様子には、ある種の歴史を感じる。彼女の母は、それを女としてほこらしいことだと、娘をはげまさない。気にするなと、なぐさめもしなかった。第二次性徴の、少々早すぎるおとずれを、娘とともにいやがっていた様子が、見てとれる。

今の平均的な、娘の成長をことほぐ育児観は、まだ普及していなかったということか。まあ、大きな乳房をきらう和装着付けの伝統的な観念も、残存していたのだろうけど。

女児の記述をつづける。亀村は、つぎのような彼女の文章も引用した。

「MさんTさんMさんSさんみたいにかわいい小さいおちちになりたいなあ、どうして同じ四年生なのに、ちがうのだろう。Eさんもわたしと同じだ。小さくなりたいなあ」

教師は、この独白を読んで、うちのめされたような気持ちになる。自分は、何も気づいてやれなかった。なんのとまどいもなく、ただ彼女らを医務室へおくりこんでいた。「うーん、ボクは知らなかったよ」と、自分のいたらなさをかみしめる。

女児のおののきがわかった教師は、彼女の日記にこう書きつけたという。

「容子ちゃん、おちちは大きくていいのだよ。なんにもはずかしいことはないのです。大きなおちちは、子どもを生んだ時、たくさんおちちがでるのだもの、心配はいらない。ひとつもはずかしくない。

Eさんにもそういっておこう。気にしないでいなさい。Yちゃんは大きいから、つりあってもいるんだよ」

教師は、女児が日記へしるした級友の名を、匿名で自分の論説に紹介している。「Mさん Tさん……」と、アルファベットの頭文字であしらった。それなりに、生徒たちのプライバシーを、おもんぱかったということか。

『児童心理』は、職場の同僚だって読むかもしれない雑誌である。実名での紹介は、やはりはばかったにちがいない。日記の主である女児についても、「Yちゃん」という表記にとどめる配慮を、見せている。

にもかかわらずと、あえて言う。この教師は、女児の日記へしるした自分の書きだしを、そのまま雑誌にひきうつした。「容子ちゃん……」と、彼女に語りかけたその冒頭部を、まるごとのせている。いちばんかんじんの少女名をかくす、その心配りができていない。ここのところは、校正のさいにも気がつかなかったのだろうか。ずいぶんうかつな先生だったんだなと、半世紀後の私はあきれている。同僚の教師たちは、亀村がうけもつ「大きなおちち」の「容子ちゃん」に、気づいたろう。ああ、あの娘だな、と。

うかつついでに、あえて指摘しておく。先生は女児につげている。乳房は大きくてもいい。そのほうが、母乳もよくでるから、と。なるほど、そういう傾向はあるのかもしれない。しかし、世の中には、乳房が大きくても、あまり母乳のでない人だっている。そちら方面への気くばりはないコメントであったなと、言うしかない。

それに、今なら女児の将来像を、母乳のでる女ときめているあたりも、とがめられえよう。母になりたくない、あるいはなれない女性への配慮が、見られない。教師の物言いには、一九六〇年代という時代の、女権論風に言えば限界があったと思う。

「容子ちゃん」＝「Yちゃん」は、大柄な少女であったという。そこにからめて、教師は、大きな乳房もつりあいがとれていると、のべていた。もし、彼女が小柄であったなら、亀村はどう書きつけていたのだろう。なんとも、気になるところではある。

「Yちゃんは大きいから、つりあってもいるんだよ」。この文言も、ずいぶん場あたり的な方便であったなと、そう言わざるをえない。いや、そもそも、全体的に御都合主義的ななぐさめ方であったなと、私は感じる。

しかし、なにより考えこまされるのは、「Eさん」への助言をつげるくだりである。「Yちゃん」の日記にしたがえば、「Eさん」も乳房は大きかったらしい。しかし、「Eさん」が、そのことを心のなかでどううけとめていたのかは、不明である。亀村が「Yちゃん」の日記を読んだだけの段階では、まだなにもわかっていない。

それなのに、先生は女児へつたえている。「おちちは大きくていい」、「はずかしいことはない」。そう、「Eさん」にも、「いっておこう」、と。

私は、そういうアドバイスを、いきなり教師が「Eさん」にするのはまずいと考える。「Eさん」が何も言ってこないあいだは、ほうっておいたほうがいいだろう。「大きなおちち」の悩みへは、うちあけられた時にはじめて対応すればいい。

考えてもみよう。いきなり、先生から「大きなおちち」の話をもちかけられた時、「Eさん」はどう感じるか。自分の乳房がふくらんでいることに、先生も気づいていた。いやだ、はずかしいと、ますます羞恥心をつのらせそうな気がする。まだ無邪気なままであった「Eさん」を、乳房コンプレックスへおいこむかもしれない。

「Eさんにもそういっておこう」は、たいへん軽はずみなコメントであったと思う。そう書ききった以上、亀村は「Eさん」に言わなければならなくなるのだから。君は「大きなおちち」を苦にしているかもしれないが、気にするな、と。つげるのをやめようとしても、もうひきかえせない。「Yちゃん」と約束をしたことが、思いとどまることをゆるさなくなる。

「Yちゃん」は、いつか「Eさん」にたずねるかもしれない。亀村先生、あなたに「大きなおちち」のことで、なにか言っていなかった、と。これに、「Eさん」がなにも言われなかったとこたえれば、どうなるか。

「Yちゃん」は、まちがいなく教師に不審感をいだくだろう。亀村先生、「Eさん」へも話をしておくと書いていたくせに、言わなかった。あたしに、うそをついたんだと、気持ちをへこませてしまうのではないか。

かりに、亀村が「Eさん」に「大きなおちち」の話をしていても、その可能性はのこる。「Eさん」

が「Yちゃん」へ、そんな話を正直につたえるかどうかは、うたがわしい。亀村のなぐさめ言葉に接したうえで、何も言われなかったとつげるかもしれないのである。思春期のひっこみじあんな少女なら、そんなうそをつくことも、じゅうぶんありうる。

そして、「Eさん」のそういう虚言を、「Yちゃん」は先生の偽りとして、うけとめよう。先生のうそつきと、反感をつのらせるにちがいない。のみならず、「Yちゃん」と「Eさん」の間に、しこりをつくってしまうのではないか。

「Eさんにもそういっておこう」。亀村が「Yちゃん」の日記にしるしたこの文句は、かさねがさね軽卒であったと考える。

「かあちゃんにも見せない」日記

生徒の心を、教師はなかなか把握しきれない。だが、日記は彼らがかかえる心の襞へわけいる、かっこうのなかだちとなる。「大きなおちち」の女児へ言いおよんだあとで、亀村五郎はこう書く。

「ひとりびとりの毎日の心の動きをつかむことができるだろうか。わたしは、今のところ日記よりほかにないと思っている。そして、もっと大切なことは、この子どもの心の動きは、たとえ何字でも、日記を書くことによって、さらに広く、さらに深くなっていくのである」

たしかに、亀村は乳房のふくらみだした女児の心理へ、とびこむことができた。日記を生徒に書かせていなければ、のぞみえない生徒指導を、みのらせている。「なぜ日記指導はやめられないのか」。その回答に、「Yちゃん」の話をもちだしたことも、まったくわからないわけではない。

しかし、それはややあぶなっかしい途でもある。このやり方は、生徒がふだんとじている心の扉をこじあけ、いやおうなくその奥底に波風をたてさせる。そこをあおって、増幅させてしまう可能性もなくはない。クラスメート同志の葛藤に火をつける危険だって、ないとは言いきれないのである。

日記をつかえば、「ひとりびとりの……心の動きをつかむことができる」。たしかに、そういう側面はある。だが、「心の動き」には不介入をきめこむ指導も、いっぽうではありうる。心理の深いところを、あえてのぞきこまない教育がいちがいに悪いとは、言えないだろう。すくなくとも、そのほうが無難であることは、うけあえる。

だが、教育関係者の多くは、かならずしもそううけとめない。本音はともかく、個々の生徒と心の深い部分までふくめつきあえる教師を、良しとする。とりわけ、日本の教育界にはその傾向が強い。

長野県の根羽中学で教諭をしていた二木清が、志の高い文章を書いている。「中学生の日記指導について」という一文が、それである。『信濃教育』の第八二二号によせたものだが、つぎにこれの紹介をこころみよう[2]。

二木は言う。日記を中学生たちに書かせるのは、国語教育だけのためではない。「日記を通しての生徒指導、人格指導」も、考えられている、と。

「中学一年生の日記の内容では……交友関係の問題（異性をも含む）、家庭生活での問題、学習上の問題、教師との問題などが、そのおもなものとなっている。日記でも見なければ、教師に知られずにすんでしまうであろうところの、これら一つ一つの問題が、実は日ごとの生徒の明るい顔暗い顔の原因となっている」

やはり、日記をとおして生徒の心理へ目をくばることが、めざされている。そこを見きわめたうえで、二木は生徒と「一対一の関係」をきづくと言う。そんな「真の人格指導」へいたるために日記はあるとさえ、書ききった。

生徒とのかかわりも、おのずと濃密になっていく。生徒によっては、二木へこうつげることもあったらしい。自分の日記は、「かあちゃんにも見せない、先生にだけ見せる」、と。そのことを、『信濃教育』へ二木はややほこらしげに書きつける。生徒からたよられすぎるのも良し悪しだという気持ちは、まったくしめさずに。

こういう日記を、教師はおざなりに読みとばせない。いやおうなく、真剣勝負をせまられることとなる。二木も、にげてはいけないと言う。「教師としてはその指導にあたり慎重を期し、全身全霊」をかたむけねばならない、と。

「生徒の日記には、先生への抗議もあり、誤解に対するうらみの声もあり、反省を求める叫びも出てくる。教師が人知れず心の底に抱いている虚にむかってグサリと短刀を突きさされる思いのすることもある」

それらを、みな教師はうけとめねばならない。生徒の立場によりそい、みちびいていくことがたいせつであると、うったえる。

どうして、そんなにつらい仕事を教師はしなければいけないのか。二木は、労働者としての教師を、どう考えているのか。以上のような反論は、なかなかかえしにくいのだろう。これ以後の『信濃教育』誌に、二木を批判する言葉は見いだせない。二木がくりひろげたような言論は、それだけりっぱな正論になっていたようである。

しかし、教師の「全身全霊」が、かえって問題をこじらせることもある。いわゆる寝た子をおこすような事態へいたるケースだって、ないわけではあるまい。結果的に生徒へめいわくをおよぼすことだって、ありそうな気がする。

二木は、生徒が時に提出するつぎのような日記は、よくないという。

「自分の『心の日記』と、『先生用の日記』とのふたとおりを書くということさえおこり得る。こうなっては、本末てん倒であり逆効果もはなはだしい」

「心の日記」を提出用のそれとはべつに、生徒が書くかどうかは、このさいおいておく。しかし、「先生用の日記」を、てきとうにつくろってすます生徒は、いそうな気がする。二木は、そのことを否定的にとらえるが、どうだろう。教師の目をやりすごす日記が書けるのは、それだけ大人になったからではないか。成長の証として、みとめる判断もありうると思う。

ほかの生徒は、「かあちゃんにも見せない」ことを書いてくる。なのになぜ、お前は「先生用の日記」しか書けないのか。二木には、そこがくいたりなく、さみしいのかもしれない。どうして、自分を信頼してくれないのだというわだかまりも、いだいてしまうのだろう。

しかし、社会人なら誰しも、「先生用」めいた書類を、日常的にしたためるものである。心の「叫び」などは、かくしておくのがふつうであろう。「心の底に抱いている虚」を「突きさ」すような言葉など、社会はもとめていない。そういう文句が要請されるのは、文学をはじめとする創作の場にかぎられる。

生徒に心の扉を日記でひらかせた、その責任を教師がとれるとも思えない。私は、スクール・カウンセラーであっても、一定の節度をたもつべきだと考える。生徒の心へくいこむことには、慎重であってほしい。カウンセリングの心得がない教師にたいしては、なおさらそう言っておきたく思う。

いじめや不登校の時代にも

生徒に日記をつけさせ、その提出をもとめる。学校教育の現場で、そういうことをやっている国は、あまりない。私の知るかぎり、学校で日記指導がおこなわれるのは、日本と韓国ぐらいである。

韓国でこれがあるのは、大日本帝国統治下に、日本の教育方針をうけいれたせいだろう。つまりは、日本からもちこまれた、根っ子は日本にあるやり方だと考える。まあ、今の韓国に、そこをわきまえている人は、あまりいないような気もするが。

ならば、日本ではなぜ学校に、日記指導という教育のあり方が導入されたのか。ざんねんながら、その歴史的な経緯は、今回おいかけきれなかった。両大戦間期の生活綴方教育運動あたりがかかわっているかとも思うが、詳細は不明である。今後の課題ということにしておきたい。

一般に、日記指導は、作文教育、国語学習にふくまれるいとなみだと、うけとめられている。しかし、そこにとどまらず、生徒と教師の心理的なふれあいをうながす面もある。教師のなかには、そういう道具としてとらえているむきも、すくなくない。

そして、このごろは子どもの心理へわけいるツールとしての役目が、重んじられてきた。二一世紀初頭の『国語教育総合事典』[3]も、日記についてはこうのべている。

「近年、子どものいじめ、自殺、不登校などが問題となり、子ども理解の必要性といった面からも日記指導が注目されてきている」

いじめなどの徴候を、生徒が書く日記の記述から読みとろうという寸法か。「誰々君が、どこそこで、誰それにからかわれ、泣いていた」。そんな指摘から、学校の不隠な気配を、大事がおこる前にひろいだすつもりなのだろう。どうやら、ちかごろの日記は学校管理の媒体にも、なりだしているようである。

しかし、こういう問題は、とりあつかいがむずかしい。さきほど、「大きなおちち」でなやむ女児のことを、『児童心理』誌の論説から紹介した。日記の独白から、場あたり的な助言をすることのこまったところも、指摘ずみである。いじめの問題をめぐっても、同じような困難は、つねにつきまといつづけよう。

生徒のひとりが日記でもらした言葉から、教師がかんたんに介入するべきではない。そのふみこみが、かえって事態をもつれさせる可能性にも、留意をしたいものである。教師のうつ手が、予想どおりに子どもの心を安定化させるわけではないのだから。もちろん、私にいじめ対策の、日記にかわる妙案はないのだが。

いずれにせよ、日本の教育は日記というツールをもっている。そして、それは、生徒への全人的なかかわりを良しとする日本的な教育とも、ひびきあう。教育社会学方面の研究者に、そのつながりを考えてもらえば、言うことはないのだが。

（1）亀村五郎「日記の指導――なぜ日記を書かせるか」『児童心理』一九六六年六月号、一二七―一三一頁。
（2）二木清「中学生の日記指導について」『信濃教育』一九五五年四月号、一〇九―一一二頁。
（3）梶村光郎「日記、日誌」日本国語教育学会編『国語教育総合事典』朝倉書店、二〇一一年、三五二―三五五頁。

コラム　倒木の声を聴く
――認知行動心理学からみた日記を読み解くことの意義

富田　隆

日記が地球を覆う

現代は「日記」の時代である。

日記を、「個人や集団の体験（主観的な思惟や感想も含む）を日時に沿って記録したもの」と定義すれば、地球規模に拡大した電子ネットワーク上で増殖するブログやフェイスブック、ツイッター、といったSNSへの膨大な情報発信もまた「日記の一種」なのである。また、従来の形式を踏襲した手書きの日記帳の人気も衰えず、毎年、好調な売り上げを維持している。さらに、企業、団体などが組織的に記録する日誌の類を加えれば、その情報量は指数関数的に増大しつつあり、人々が発信する「体験の記録」が既に地球上を覆い尽くしている。

日記における言語の重要性

原則、日記は「言語」により記録される。今日の高度に情報化されたネット社会においては、写真や動画などの映像記録が多用されるが、依然として言語は重要な役割を果たしている。たとえば、ブログやフェイスブックに一枚の写真がアップされたとき、それにどのような一言が添えられるかによって、読み手の受け取り方は大きく変化する。そもそも、写真情報は基本的にあいまいなものであり、多様な解釈が成立し得る。その解釈を方向付けるのはキャプション（説明文）であり、写真週刊誌でセンセイショナルに報道されるスクープ写真も、キャプションがなければ、ただのつまらない不鮮明な写真に過ぎない。さらに言えば、キャプションひとつで白を黒と見せることもできる。誰もが様々な事件の現場に遭遇し映像情報の発信者となれる今日においても、依然として言語は重要な役割を果たしている。

それでは、言語とは何か。その答えは、学問領域により、また研究者の立場により多種多様である。ここで筆者は、敢えて、行動心理学的な定義を用いることとしたい。

生存を左右する弁別刺激

生物の行動という視点から考えれば、言語は「弁別刺激」の一種ということになる。「弁別刺激」とは、生物を適応へと導く信号のようなものである。動物は環境への適応の過程で、特定の状況下で特定の刺激情報を手掛かりに、適応につながる行動を学習する。こうした刺激情報を行動心理学では「弁別刺激」とよぶ。その場面で、どのように行動すれば適応できるのかを弁別させてくれるので弁別刺激とよばれるのだ。

たとえば、新しい環境で生活するようになった小鳥が、食料に適する果実を、その色や形を弁別刺激として識別するように、動物一般は試行錯誤的な経験を通して、環境中に遍在する刺激の中から特定の刺激パターンを弁別刺激として認識することを学習する。

ただ、この段階では、試行錯誤の末に学習された弁別刺激が他の個体と共有されることはなく、小鳥の体験は共有されることもない。しかし、この小鳥が仮に社会的動物であった場合には、ごく限られた数ではあっても、弁別刺激の発信と共有が可能となる。たとえば、ヘビやネコなどの外敵が近付いたことを知った群れの一羽がけたたましい鳴き声で警報を発信すると、群れの他の仲間たちは、この鳴き声を弁別刺激として回避行動を取り、危険を避ける。つまり、この小鳥の集団は、弁別刺激を媒介として体験を共有しているのだ。

体験と成果の共有

もちろん、こうした弁別刺激のほとんどは先天的なものであり、その種類も数も限られている。ところが、社会的動物の一種である人間は、この機能を飛躍的に拡大した。右の小鳥のような、生得的な信号の発信受信能力を基にして、人間は、自ら弁別刺激を生み出し、これを共有することに成功した。その「人工的な弁別刺激」が言語である。

そして、弁別刺激を共有するということは、言語発信者の「体験を共有する」ということに他ならず、それはまた、体験の「成果」を共有するということでもある。最初の例の、新しい環境で生活を始めた小鳥は、何度もの試行錯誤の末、食べられる果実と食べられない果実を弁別できるようになった。しかし、他の仲間の小鳥とその弁別刺激を共有することはできないし、その体験の成果を共有することもできない。もちろん、たまたま、その仲間が観察学習能力に優れた天才的な個体で、最初の小鳥の行動それ自体を弁別刺激として模倣することに成功すれば、「間接的に」体験を共有できるが、この奥義直伝的な方法にはいくつかの限界があり、はなはだ効率も悪い。つまり、人間以外の社会的動物たちが共有できる弁別刺激は先天的な遺伝要因に強く支配されており、個体が後天的な体験を通して獲得した弁別刺激の共有は困難なのである。

生存の可能性を拡大した言語

これに対して、人間は言語という弁別刺激を共有したことにより、きわめて効率良く他者の体験を共有できるようになった。目の前でモデルが適応的行動を実演して見せる必要もなく、時空を超えて、個体の経験を共有することが可能になったのだ。たとえば、どこかに人跡未踏の土地があったとしても、ある探検隊が一つのルートを発見して地図を残せば、次に続く探検隊はその地図を弁別刺激として初代の探検隊の体験を共有し、さらに新たな発見を地図に書き加えることができる。このように、後に続く者たちは、先人達が血と汗と涙によって獲得した成果を、有り難くも易々と共有することができるのだ。自然科学の成果もまた、同様にして積み重ねられた無数の体験の体系であり、自然界における適応的な生存の道を指し示す弁別刺激に他ならない。

このように、「人工的弁別刺激」である言語は、人類が生存する可能性を拡大し、生き方の選択肢をも拡大した。

誰もいない森

日記が原則的に言語で記録されるということは、それが弁別刺激としての「可能性」を秘めているということでもある。

有名な認識論的問題に、「誰もいない森で木が倒れたとき、音はするか」というものがある。正解は「音はしない」である。確かに、誰もいなくても、木が倒れれば、空気の波（音波）は発生するだろう。しかし問題は、その波が「音」として認識されるためには、何らかの認識主体が存在する必要があるという点だ。何らかの信号が発信されても、それを誰かが受信しなければ「情報」とはならない。

同様に、たとえある日記の文章が書かれたとしても、それだけでは弁別刺激としての「可能性」が存在するだけである。倒れた木の引き起こす空気の波を音として認識する誰かが必要なように、それが何らかの弁別刺激として機能するためには、それを「読む者」が必要になる。

フェイスブックの書き手が「いいね」の反応を気にするのも、ツイッターの送り手がフォロワーの数にこだわるのも、読まれることへの希求がその背景にある。もし、誰も読み手がいないならば、そのツイート（つぶやき）は文字通りの単なる独り言に終わり、やがて虚無の闇に消えていく。

もっとも、そうした膨大なつぶやきを「ビッグデータ」として、多変量解析的な手法などを用いて分析、あるいは圧縮し、消費傾向や社会的態度の測定といった、発信者の当初の意図とは異なる情報として読み取ることも可能である。社会の深層に横たわる無意識に迫ろうとするこうした方法では、似たような条件を共有する「集団」こそが重要であり、一度きりのユニークな「個人」の「体験」は解体され分子へと還元される。現代社会では、こうした読み手も存在する。もちろん、それは日記の書き手が望むものではない。彼らが夢想するのは、共感的な読み手、あるいは、彼らが伝えようとしたメッセージを正確に受け止めることのできる読み手であろう。

時空を超えて倒木の声を聴く

日記の研究者や読者もまた、そうした「読み手」の一人である。彼らの存在により、日記は人類にとって有益な弁別刺激となり得るのだ。日記を読み解こうとする者は、百年、あるいは千年の時空を超えて、彼方で倒れた木の音に耳を傾ける。

情報の価値は発信者が何をどのように伝えるかだけでは決まらない。誰がどのように受信するかによって、その価値は大きく変化する。

情報量を算出する数式は、そのまま、熱力学におけるエントロピー（混沌、あるいは乱雑さの度合い。使えないエネルギーの量）を計算する数式として用いることができる。極論すれば、情報量は「わからなさ」を示す（したがって、わからなさを減らすことができる）値である。一方で、熱力学的な場面でわからなさが増せば、使えないエネルギー、つまりはエントロピーが増えるということになる。情報が提供されることにより、わからなさとエントロピーは減少する。

そして、発信された情報が、どれだけ受信者のわからなさを埋めることができるかは、受信者の側の状態によって変わる。４個の箱の中のどれに食料が入っているかという情報は、普通に考えれば、４は

2の2乗だから2ビット（bit）の情報量を持っている。しかし、もし既に受信者が2つの箱を開け、空であることを知っている場合は1ビットの情報量しかもたらさない。情報の価値は絶対的なものではなく、受信者側の事情により相対的に変化するのだ。

ここで指摘したかったことの一つは、日記を単なる「外部記憶装置」とのみ見ることの限界だ。そこに残された言葉を単なる記録、痕跡と見ることは、それが持つ意味と可能性を過小評価することになりかねない。エントロピーが増大し続け、熱的平衡という終焉に向かいつつある宇宙にあって、唯一、生命こそがこの流れに逆らい、エントロピーを減少させる存在なのだ、と指摘したのはアンリ・ベルクソンであった。彼の言葉に倣うなら、利用できるエネルギーの存在を知らせ、生存の道を教えることのできる弁別刺激の共有もまた、エントロピーを減少させる生命的な営みと言えよう。私たち生物が生きて行動するという枠組みの中で「個人や集団の体験を日時に沿って記録したもの」の意味を問い直すことが必要なのだ。

先人が残した情報を弁別刺激の集合として受け止めれば、それは受信者の側の適応につながる情報となり、場合によっては生死を分かつ情報にもなりかねない。ポジティブに言い換えれば、その情報が人類の生存の選択肢を拡げ、未来につながる価値を生み出す可能性さえ秘めているのだ。

少なくとも、日記を読み解こうとする営みは、単なる過去志向の訓詁学ではない。時空を隔てた「個人」の体験と成果を共有する可能性に道を拓くものであり、未来を志向する創造的な生命活動なのである。

あとがき

第一巻は、予想に反して難産を極めた。当初は他の巻と同様、一人の執筆者による古代の古記録の本を予定していたのだが（「一人一冊」の「血盟団方式」と呼んでいた）、事情によってそれができなくなった。私は全一九冊でもかまわないと思っていたのだが、臨川書店は切りのいい二〇冊を希望されていて、仕方なく何人かで日本における日記・古記録をまとめた「総論篇」を作ることになった。

これも古代は別の原稿を二本、予定していたのだが、種々の事情によって、私が執筆することになった次第である。「監修」だけで済ませるはずが、この時点で当初の目論見は大きく外れてしまったのである。

しかも、編集担当の西之原一貴さんはとても熱意に満ちた方で、執筆陣による編集会議を何度も開いて、巻全体のコンセプトを統一したいとの由、ますます目論見から外れてしまった。

結局、二〇一五年十月十八日に久富木原玲さん、カレル・フィアラさん、西之原さん、倉本による第一回編集会議、同年十月二十二日に石田俊さん、井上章一さん、佐野真由子さん、西之原さん、倉本による第二回編集会議が開かれた。都合で出席できなかった執筆者からは、あらかじめレポートを徴しており、それを討議することも行なわれた。

いずれも場所は日文研コモンルームであったが、当初は京都で一回、東京で一回を予定していたのだから、その熱意は尋常ではない。特に第一回編集会議などは、私の主宰する共同研究会「説話文学と歴史史料の間に」が終わって、昼食も食べないまま、十四時から十六時まで熱心な討議を行なったので、疲労と空腹と睡眠不足と二日酔いで、ふらふらになったのを覚えている。共同研究員の石川久美子さんがおにぎりをくれたので、何とか生き延びることができたのだが、その時は彼女がスジャータに見えたものである。

いざ執筆が始まってからも、執筆者の交替や、違期、未進が相次ぎ、結局は第一回配本に間に合わせることができなかったのは、痛恨の極みである。西之原さんには、随分とご心配をおかけしてしまった。とはいえ、これくらいの短時日で、このような本が完成したことは、各執筆者の学識と熱意、また臨川書店、特に西之原さんの寛容の心と編集能力の賜物である。ここに記して、感謝の意を表したい。

二〇一六年六月

但馬国府に向かう山陰路にて　　編者識す

編者・執筆者紹介（執筆順）

倉本一宏（くらもと・かずひろ） 編者、第一章
一九五八年三重県生。東京大学大学院人文科学研究科国史学専門課程博士課程単位修得退学、博士（文学）。国際日本文化研究センター教授。日本古代史。『藤原道長の日常生活』講談社現代新書、講談社、二〇一三年。『平安朝—皇位継承の闇』KADOKAWA、二〇一四年。『蘇我氏—古代豪族の興亡』中公新書、中央公論新社、二〇一五年。

松薗斉（まつぞの・ひとし） 第二章
一九五八年東京都生。九州大学文学研究科博士後期課程満期終了退学、博士（文学）。愛知学院大学文学部教授。日本古代・中世史。『日記の家—中世国家の記録組織』吉川弘文館、一九九七年。『王朝日記論』法政大学出版局、二〇〇六年。『日記で読む日本中世史』（共編著）ミネルヴァ書房、二〇一一年。

石田俊（いしだ・しゅん） 第三章
一九八〇年北海道生。京都大学大学院文学研究科博士後期課程単位取得退学、博士（文学）。山口大学人文学部講師。日本近世史。「綱吉政権期の江戸城大奥」『総合女性史研究』三〇号、二〇一三年。「近世朝廷における意思決定の構造と展開」『日本史研究』六一八号、二〇一四年。

佐野真由子（さの・まゆこ） 第四章
一九六九年東京都生。ケンブリッジ大学国際関係論専攻 MPhil 課程修了。東京大学博士（学術）。国際日本文化研究センター准教授。外交史・文化交流史、文化政策。『オールコックの江戸—初代英国公使が見た幕末日本』中央公論新社、二〇〇三年。『万国博覧会と人間の歴史』（編著）思文閣出版、二〇一五年。『幕末外交儀礼の研究——欧米外交官たちの将軍拝謁』思文閣出版、二〇一六年。

奈良岡聰智（ならおか・そうち） 第五章
一九七五年青森県生。京都大学大学院法学研究科博士後期課程修了、博士（法学）。京都大学大学院法学研究科教授。日本政治外交史。『加藤高明と政党政治—二大政党制への道』山川出版社、二〇〇六年。『「八月の砲声」を聞いた日本人—第一次世界大戦と植村尚清「ドイツ幽閉記」』千倉書房、二〇一三年。『対華二十一ヵ条要求とは何だったのか—第一次世界大戦と日中対立の原点』名古屋大学出版会、二〇一五年。

久富木原玲（くふきはら・れい） 第六章
一九五一年鹿児島県生。東京大学大学院博士課程単位修得退学、博士（文学）。愛知県立大学日本文化学部教授。日本古典文学（特に古代・中世文学）。『源氏物語—歌と呪性』若草書房、一九九七年。『源氏物語の変貌—とはずがたり・たけくらべ・源氏新作能の世界』おうふう、二〇〇八年。『武家の文物と源氏物語絵—尾張

徳川家伝来品を起点として」（編著）翰林書房、二〇一二年。

阿尾あすか（あお・あすか）第七章

一九七八年奈良県生。京都大学大学院文学研究科博士後期課程単位取得認定退学。博士（文学）。奈良学園大学人間教育学部専任講師。日本古典文学（特に中世文学、京極派和歌）。「炊煙の歌―『風雅和歌集』雑中を中心として」『文学』六巻四号、二〇〇五年。『伏見院』笠間書院、二〇一一年。「東京国立博物館蔵「伏見院詠草」の性格―合点・丸印の意味するもの―」『京都大学国文学論叢』三〇号、二〇一三年。

カレル・フィアラ（Karel FIALA）第八章

一九四六年チェコ（プラハ）生。京都大学大学院文学研究科博士後期課程修了、チェコ国立カレル大学後期博士課程修了、博士（文学）。福井県文書館副館長（福井県立大学名誉教授）。瑞宝小綬章受章（二〇〇八年秋）。国語学、言語学。*A bi-planic approach to Japanese semantics: generative description of the post-predicative modification*,（日本語の意味論的分析・述語を受ける修飾）Prague : Charles University, 1972.『日本語の情報構造と統語構造』ひつじ書房、二〇〇〇年。『古事記』、『源氏物語』、『平家物語』のチェコ語完訳・注釈。『日本語文法事典』（日本語文法学会編、項目執筆）大修館書店、二〇一四年。

井上章一（いのうえ・しょういち）第九章

一九五五年京都府生。京都大学大学院工学研究科修士課程修了。国際日本文化研究センター教授。建築史、意匠論。『日本に古代はあったのか』角川学芸出版、二〇〇八年。『京都ぎらい』朝日新書、朝日新聞、二〇一五年。『日本文化事典』（共編）丸善出版、二〇一六年。

富田隆（とみた・たかし）コラム

一九四九年東京都生。上智大学大学院文学研究科博士課程修了。駒沢女子大学人文学部教授。心理学。『「絆」の時代』碧天社、二〇〇二年。『「ハナシ上手」になる心理術』角川書店、二〇〇四年。『わたしのまわりの心理学』大和書店、二〇〇七年。『迷わない生き方』新人物従来社、二〇一一年。『あの人だけはなぜ許せないのか』主婦の友社、二〇一五年。

日記で読む日本史 1
日本人にとって日記とは何か
二〇一六年七月三一日　初版発行

編　者　倉　本　一　宏
発行者　片　岡　敦
印刷 製本　亜細亜印刷株式会社

606-8204 京都市左京区田中下柳町八番地
発行所　株式会社　臨　川　書　店
電話（〇七五）七二一―七一一一
郵便振替　〇一〇七〇―二―八〇〇

落丁本・乱丁本はお取替えいたします
定価はカバーに表示してあります

ISBN 978-4-653-04341-6　C0321

〔ISBN 978-4-653-04340-9　C0321　セット〕